KB039308

내
용
없
는
인
간

내용 없는 인간

조르조 아감벤

L'uomo senza contenuto

윤병언 옮김

자음과모음

차례

우정과 감사의 표시로, 조반니 우르바니에게

1장

가장 두려운 공포에 관하여

《도덕의 계보학》 3장에서 니체는 아름다움이란 곧 사심 없는 즐거움이라는 칸트의 정의에 전면적인 비판을 감행한다.

칸트는 미를 수식하는 용어들 가운데 앎의 가치를 구축하는 것들, 즉 비개인성과 보편타당성에 특별하고 우선적인 위치를 부여하는 것이 곧 예술을 존중하는 일이라고 생각했다. 이것이 본질적으로 틀린 생각인지 아닌지는 여기서 다룰 문제가 아니다. 내가 강조하고 싶은 것은 단지 칸트 역시 다른 모든 철학자와 마찬가지로 창작자의 체험이라는 관점에서 예술과 미의 문제를 숙고하지 않고 오로지 관람자의 입장에서만 숙고했으며, 그런 식으로 아무도 모르는 사이에 관람자를 미美의 개념 속으로 도입했다는 사실이다. 이 관람자가 무엇인지 미의 철학자들이 충분히 알고만 있었더라면! 즉, 이것이 그들에게 어떤 개인적인 느낌이나 하나의 경험이었다면, 아름다움에 대한 일련의 독창적이고 구체적인 체험, 그것에 대한 갈망과 경이로움, 황홀함에 대한 체험의 결과라고 할 수 있었다면 나았을 것을! 그러나 안타깝게도 언제나 사정은 정반대였다. 처음부터 이들이 우리에게 제시했던 미의 정의 속에는, 미에 대한 칸트의 유명한 정의와 마찬가지로, 미세한 자기 체험의 결여가 근본적 오류라는 이름의 살찐 벌레처럼 존재한다. 칸트에 따르면 미란 사람들이 사심 없이 좋아하는 것을 말한다. 사심 없이! 이러한 정의를 한 진정한 의미에서의 관람자이자 예술가인 스탕달의, 미는 곧 **행복의 약속**une promesse de bonheur이라는 정의와 비교해보자. 어찌 되었든 우리는, 칸트의 의견에 따라 미의 독특한 상황을 구축하던 조건, 즉 사심이 없어야désintéressement 한다는 사실이 여기서 거부되고 삭제된 것을 발견하게 된다. 누가 옳은 건가? 칸트인가 아니면 스탕달인가? 만약에 우리의 미학 교수들이 끊임없이 칸트의 편을 들면서 실오라기 하나 걸치지 않은 여성의 조각상까지도 그 아름다움에 매료되어 사심 없는 방식으로 바라볼 수 있다고 주장한다면, 어느 정도는 어깨 너머로 그들을 실컷 비웃어도 좋을 것이다. 예술가들의 경험은, 이러한 미묘한 관점에서 보았을 때 사실 **훨씬 흥미롭다.** 어찌 되었든 피그말리온을 반드시 미적 취향이 모자란 인간이었다고 볼 수는 없지 않은가!¹

여기서 니체는 언어로 서술되는 예술의 경험을 어떤 식으로든 미학으로 간주하지 않는다. 이와는 반대로, 여기서 관건이 되는 것은 '아름다움'이라는 개념을 다름 아닌 미학aisthēsis으로부터, 관람자의 느낌으로부터 정화시켜 예술을 다름 아닌 예술의 창조자, 즉 예술가의 관점에서 바라보도록 하는 일이다. 이 정화는 다시 말해, 예술 작품에 대한 전통적인 견해의 전복을 통해 이루어진다. 여기서 미학적인 차원은, 즉 아름다운 대상에 대한 관람자 입장에서의 감각적인 이해는 예술 작품 속에서 행복의 약속만을 보는 예술가의 창의적인 경험에 자리를 양보한다. '그림자가 가장 짧아지는 순간', 운명의 극단적인 한계에 도달한 예술은 미학의 중성적인 영역에서 벗어나 권력에의 의지라는 '황금의 영역'에서 스스로의 정체를 발견한다. 자신의 손으로 만든 작품을 향해 사랑의 열정을 불태우는 조각가 피그말리온은 결국 자신의 작품이 더 이상 예술이 아닌 삶에 속하기를 갈망하기에 이른다. 피그말리온은 사심 없는 즐거움이 곧 아름다움이라는 사유로부터, 생동하는 삶의 가치들을 강화하고 무한히 증폭시키는 행복에 대한 사유로 예술의 정의가 전이되는 과정, 동시에 예술에 대한 성찰의 초점이 사심 없는 관람자에서 흥미를 느끼는 예술가로 옮겨지는 과정을 상징하는 인물이다.

이러한 변화를 예감한 니체는, 여느 때와 마찬가지로, 훌륭한 예언가였다. 《도덕의 계보학》 3장에서 니체가 설명하는 내용과 앙토냉 아르토가 《연극과 그 이중Théâtre et son Double》의 서문에서 서양 문화의 마지막 숨소리를 묘사하기 위해 사용하는 표현들을 비교해보면, 바로 이러한 차원에서 놀랍게도 시선이 일치한다는 것을 발견하게 된다. 아르토는 이렇게 말한다. "우리로 하여금 문화를 상실케 하는 것은 다름 아닌 예술에 대한 우리의 서구적인 관념이다. (……) 하나의 정통한 문화가 우리의 사심 없고 무기력한 예술 개념에 격렬할 만큼 이기적이고 마술적인 개념, 다시 말해 흥미로운 예술 개념을 대립시키고 있다."[2] 어떤 의미에서는, 사심 없이 마주하게 되는 미적 경험이 사실상 예술과는 거리가 멀다고 보는 관점이 오히려 다른 시대의 사람들에게는 굉장히 익숙한 것이었다고 볼 수 있다. 아르토가《연극과 페스트Le théâtre et la Peste》에서, 로마 시대의 대제사장 코르넬리우스 나시카Cornelius Scipio Nasica가 로마에 존재하는 극장을 모두 허물어버리라는 칙령을 발표한 적이 있다는 것과 성 아우구스티누스가 검투사 공연이 영혼을 죽이는 행위라며 분노를 표명했었다는 사실을 떠올릴 때, 우리는 연극이 오로지 '현실이나 위험과의 잔인하고 마술적인 관계만을 위해 존재할 뿐'이라고 생각했던 아르토가 한 시대를 두고 표명하는 강렬한 그리움을, 즉 연극에 대해 너무나 구체적이고 흥미로운 개념을 유지하고 있던 나머지 (도시와 시민들의 영적 건강을 위해) 연극을 완전히 폐지해버릴 필요가 있다고 믿었던 시대에 대해 그리움을 표명하고 있음을 역력히 엿볼 수 있다. 이와 유사한 생각들이 오늘날에는 비평가들 사이에서조차 찾아보기 힘들다는 것이 사실이다. 그러나 유럽 중세 사회에서 미적 현상에 대한 개별적인 사유라고 부를 만한 것이 처음으로 등장했을 때 그것이 예술을 향한 경멸

감과 적대감의 형태로 드러났다는 점은 주목할 필요가 있다. 다름 아닌 음악 분야에서 아르스 노바ars nova의 혁신이 일어났을 때 주교들은 공식적인 미사가 진행되는 동안 노래의 조바꿈과 리듬 부여를 금지시켰다. 지나치게 매혹적인 면이 신도들의 마음을 흐트러트린다고 보았기 때문이다. 흥미로운 예술의 입지를 증언하는 기록 가운데 니체가 인용할 수 있었던 것 하나가 바로 플라톤의《국가》에 등장하는 문장이다. 덕분에 이 문장은 예술을 주제로 하는 논의가 제기될 때마다 끊임없이 인용되었지만 그렇다고 해서 그속에 표현된 아이러니한 태도가 수그러들고 우리 현대인의 귀에 덜 모순적으로 들리는 것은 아니다. 익히 알려져 있듯이, 플라톤이 시인에게서 발견하는 것은 하나의 위험천만한 파멸의 요소다. "그런 인간이 우리 도시에 나타나 시를 짓고 대중 앞에서 낭송을 하게 되면 우리는 마치 그가 성스럽고, 멋지고, 기쁨을 선사하는 존재인 것처럼 그에게 머리를 조아리게 될 것이다. 하지만 그에게 우리는 그와 같은 부류의 사람들을 위한 자리가 우리 도시에는 없다고 말할 것이다. 그리고 그의 머리에 향유를 뿌리고 관으로 씌운 뒤 다른 도시로 보낼 것이다."[3] 그 이유에 대해 플라톤은 현대인의 미적 감각을 오싹하게 만드는 표현을 쓰면서 이렇게 말한다. "시에 관한 한, 도시 안에서는 신과 위인에 대한 찬송 외에는 아무것도 허락하지 말아야 하기 때문이다."[4]

하지만 플라톤 훨씬 이전에도, 예술에 대한 처벌 혹은 최소한 의혹이 이미 한 시인의 입을 통해, 즉 소포클레스의《안티고

네》, 첫 번째 스타시몬stasimon*의 마지막 부분에서 표현된 적이 있다. 인간이 기술techne(그리스인들이 이 단어에 부여하던 광범위한 의미를 기준으로 생산 능력, 즉 무언가를 부재에서 존재의 상태로 가져오는 능력)을 지닌 존재라고 강조한 뒤 합창단은 이러한 능력이 행복뿐만 아니라 파멸을 가져올 수 있다고 노래하면서 플라톤의 추방령을 떠올리는 노래로 합창을 마감한다.

> 그런 일들을 하는 사람이
> 우리 도시와 친분이 있는 사람도 되지 말고
> 내 생각을 공유하는 일도 일어나지 말기를.[5]

에드가 빈트Edgar Wind는, 만약에 플라톤의 주장이 우리에게 놀랍게 들린다면 그것은 예술이 플라톤에게 발휘하던 동일한 영향력을 우리에게 더 이상 발휘하지 못하기 때문이라고 이야기한 바 있다.[6] 예술이 우리에게 그토록 편안한 환영을 받는 것은 오로지 예술이 실러라는 영역에서 벗어나 단순히 흥미로운interessante 것으로 변했기 때문이다. 무질Robert Musil이 자신의 소설 《특성 없는 남자》에 대한 전체적인 구도를 아직 머릿속에 분명하게 가지고 있지 않았을 시기에 기록한 노트를 살펴보면, 여전히 앤더스

---

* 자리에 서서 부르는 노래를 뜻하는 그리스 비극 용어. 등장인물들이 한 장면에서 퇴장한 뒤 시간을 메우기 위해 이미 일어난 사건을 상기시키거나 앞으로 전개될 장면을 예고하며 합창으로 부르는 노래를 말한다.

라는 이름으로 등장하는 주인공(울리히)은 아가타가 피아노를 연주하고 있는 방 안으로 들어서면서 '비탄에 빠지고 싶을 정도로' 아름다운 음악을 집 안에 울려퍼지게 하는 악기를 향해 권총을 발사하고 싶은 암울하고 걷잡을 수 없는 충동을 느낀다. 예술 작품에 대한 우리의 일상적이고 편리한 관심에 대해 우리가 한번 끝까지, 깊이 있게 생각해볼 기회를 갖는다면 아마도 니체의 의견에 동의할 수밖에 없을 것이다. 니체는 예술이 정서에 끼치는 영향과 관련해 플라톤이 던졌던 질문에 자신의 시대가 답을 제시할 수 있는 어떤 권리도 가지고 있지 않다고 생각했다. 니체는 이렇게 반문한다. "비록 우리에게 예술이 있다 하더라도, 예술의 영향력은 어디에 있는가? 그것을 어디서, 조금이라도, 찾아볼 수 있는가?"[7]

플라톤은 물론 그리스 고전문학 세계 전체가 예술에 관한 현대인들의 사심 없음이나 미학적인 차원에서의 향유라는 것과는 아무런 상관도 없는, 상당히 다른 종류의 경험을 보유하고 있었다. 예술이 영혼에 끼치는 영향력을 대단히 위력적인 것으로 판단했던 플라톤은 예술이 혼자만의 힘으로 도시의 기반 자체를 파괴할 수도 있다고 생각했다. 따라서 플라톤은 예술을 추방할 수밖에 없는 입장이었지만 어찌 되었든 그것은 플라톤이 마지못해 한 일이었다. "왜냐하면 그것이 우리에게 발휘하는 매력이 무엇인지 우리가 알고 있기 때문이다."[8] 플라톤이 영감을 통한 상상력의 효과를 정의하기 위해 사용한 표현은 '신성한 공포theios phobos'

다. 당연히 예술의 관람자로서 우리 현대인이 보이는 너그러운 반응을 정의 내리기에는 좀 어울리지 않는 표현이다. 그러나 이런 종류의 표현을 우리는 언제부턴가 현대 예술가들이 그들만의 예술적인 경험을 구체화하기 위해 노력하면서 남긴 기록들을 통해 빈번히 발견하게 된다.

관람자가 '예술'의 개념 안으로 점점 녹아들면서 예술을 미학이라는 천상의 자리topos ouranios에 위치시키게 되는 과정과 발맞추어, 예술가의 관점에서는 오히려 정반대의 과정이 진행되는 양상을 관찰할 수 있다. 무언가를 창작해야 하는 입장의 예술가에게는 예술이 계속해서 더욱 두려운 경험으로 변해가기 때문에 이를 두고 흥미로운 점에 대해 이야기한다는 것 자체가 하나의 어울리지 않는 완곡어법이라고 할 수 있다. 왜냐하면 중요한 것은 아름다운 예술 작품의 창조가 아니라 창조자의 생生과 사死가 달린 문제인 것처럼, 혹은 적어도 그의 정신건강의 문제인 것처럼 보이기 때문이다. 아름다운 대상 앞에서 관람자가 맞이하는 경험의 무고함이 증가하는 현상과 대조적으로 발생하는 것이 바로 예술가에게 주어지는 경험의 위험이 증가하는 현상, 즉 예술이 그에게 선사하는 행복의 약속이 그의 존재를 악으로 물들이고 파괴하는 독약이 되는 현상이다. 예술가의 활동 속에 극단적인 위험이 내재한다는 생각이 널리 확산되기 시작했다. 보들레르가 생각했던 것처럼, 예술이 마치 목숨을 건 혈투라도 된다는 듯이 '예술가가 패배하기 일보 직전, 두려움에 떨며 울부짖는 곳에서', 바로 이러한 생각들을 단순한 비유로 보는 것이 얼마나 부질없는 일인지, 혹은 문학 창작가들만의 근접할 수 없는 세계를 상징하는 또 하나의 비유로 간주하는 것이 얼마나 힘든 일인지 증명해주는 것은 미치기 일보 직전에 횔덜린이 남긴 말이다. "신들이 고대인 탄탈로스에게 그가 감당할 수 없는 무거운 숙명을 선사했던 것처럼 나에게도 똑같은 일이 벌어지고 있다. (……) 기꺼이 나는 아폴로가 나를 격타했다고 말할 수 있다!" 또 다른 예로, 반 고흐가 세상을 떠나던 날 그가 호주머니 안에 간직하고 있던 쪽지 속의 문장을 들 수 있을 것이다. "그래, 나만의 일, 그것을 위해 내 삶을 위험에 몰아넣었고, 그것 때문에 내 이성의 절반은 암흑 속에 묻혀버렸다." 릴케도 클라라 릴케에게 보내는 편지에 이렇게 기록했다. "예술 작품이란 언제나 위험천만한 경험의 산물, 극단적인 단계로, 인간이 더 이상 계속할 수 없는 지점까지 몰고 간 경험의 산물이라오."

예술에 대한 입장을 표명하는 의견들 가운데 더욱더 자주 만나게 되는 것 하나는, 예술이 그것을 창조하는 사람에게뿐만 아니라 사회에도 무언가 근본적으로 위험한 것이라는 생각이다. 횔덜린은 자신이 완성하지 못한 비극의 의미를 함축적으로 표현하기 위해 기록을 남기면서 아그리젠토 시인들의 무정부적이고 무절제한 성향과 엠페도클레스의 강렬하고 기적적인 시 사이에 밀접한 연관성 내지 거의 원칙적인 통일성이 있음을 발견하게 된다. 횔덜린은 한 편의 찬가를 위한 초고에서 예술을 그리스가 멸망한 근본적인 원인으로 간주하는 듯이 보인다.

> 원인은 그들이 예술의 제국을 건설하기
> 원했기 때문이다. 그러나 그들에게는
> 고국이 없었으니
> 그래서 잔인하게도
> 그리스, 지고의 아름다움은 멸망하고 말았다.[9]

아마도 횔덜린이 틀렸다고 말할 수 있는 사람은 테스트 씨Monsieur Teste도, 베어프 뢴네Werf Rönne*도, 아드리안 레버퀸Adrian Leverkühn**도 아닌, 오로지 로맹 롤랑의 장 크리스토프Jean Christophe처럼 돌이킬 수 없는 나쁜 취향을 가진 인물일 것이다.

이 모든 것은 오히려, 우리가 예술이 도시 내부에서 허락되어야 하는가 말아야 하는가라는 질문을 다름 아닌 예술가들에게 던진다면 이들 모두가 자신들의 경험을 토대로 예술을 추방해야 한다는 플라톤의 의견에 동의하지 않을까 하는 생각을 하게 만든다.

이것이 사실이라면 예술이 미학적인 차원으로 진입한 것은, 즉 관람자의 미적 취향과 판단aisthēsis을 기준으로 하는 예술의 이해라는 차원으로 진입한 것은 아마도 우리가 일반적으로 생각하

---

* 고트프리트 벤Gottfried Benn의 소설 《뇌수Gehirne》의 주인공.
** 토마스 만의 소설 《파우스트 박사》의 주인공 파우스트 박사의 이름.

고 느끼는 것처럼 그렇게 무고하고 자연적인 현상은 아닐 것이다. 우리가 우리 시대의 예술이라는 문제를 본격적으로 다루기 원한다면 아마도 미학의 파괴보다 더 시급한 과제는 없을 것이다. 우리가 습관적으로 명백하다고 간주하는 개념의 영역에서 벗어나 예술 작품을 학문적으로 다루는 미학의 의미 자체에 질문을 던질 수 있도록 먼저 미학이 파괴되어야 할 필요가 있어 보인다. 그러나 문제는 이러한 차원의 파괴를 위해 과연 때가 무르익었느냐는 것이다. 즉, 이 파괴가 단순히 예술 작품을 이해하기 위해 필요한 지평을 아예 모두 매몰시켜버리는 결과를 가져오는 것은 아닌지, 그리고 전격적인 도약을 통해서만 뛰어넘을 수 있는 심연을 예술 앞에 펼쳐 보이는 것은 아닌지가 문제다. 하지만 우리가 원하는 것이 바로 예술 작품이 본래의 모습을 되찾는 일이라면 아마도 우리에게 좀 더 필요한 것은 바로 이러한 상실, 이러한 심연일 것이다. 집이 불에 타오를 때만 비로소 건축 구조를 목격할 수 있다는 말이 사실이라면, 우리 현대인은 서양 미학사의 진정한 의미를 깨닫기 위한 아마도 최상의 조건을 갖추고 있는 셈이다.

니체가 《도덕의 계보학》 3장을 출판하기 14년 전에 한 시인이 (그의 말은 서양 예술의 운명 속에 마치 메두사의 머리처럼 새겨져 있다) 시는 아름다운 작품을 만들거나 사심 없는 미적 이상에 답할 것이 아니라, 삶을 바꾸고 인간에게 에덴의 문을 열어주어야 한다고 말한 적이 있다. 행복의 마술적인 훈련La magique étude du bonheur 이 다른 모든 구도를 어둡게 만들면서 결국에는 시와 삶의 유일한 숙명으로 대두되는 이 경험 속에서 랭보는 공포에 사로잡히고 말았다.

현대 예술의 키테라섬 입항은 따라서 예술가를 약속된 행복의 땅으로 인도한 것이 아니라 가장 두려운 공포와 스스로를 견주도록, 플라톤으로 하여금 그의 도시에서 시인들을 추방하도록 부추겼던 신성한 공포와 스스로를 견주도록 만들었을 뿐이다. 예술이 관람자로부터 정화되어 완전한 모습으로 절대적인 위협 앞에 다시 서게 되는 과정의 최종 단계로 이해될 때에만 우리는 니체가《즐거운 학문》의 서문에서 피력했던 기원祈願의 수수께끼 같은 의미를 완전히 이해할 수 있을 것이다. "아, 여러분이 왜 다름 아닌 우리에게 예술이 필요한지 정말 이해할 수 있다면(……)", "우리에게 필요한 것은 또 다른 예술, 예술가를 위한 예술, 오로지 예술가만을 위한 예술이다!"¹⁰

1   니체, 《도덕의 계보학》, 3장, §6.

2   앙토넹 아르토, 《연극과 그 이중》, 작품 전집, 4권, 15쪽. "Ce qui nous a per-
     du la culture c'est notre idée occidentale de l'art. (……) A notre idée inerte et
     désintéressée de l'Art, une culture authentique oppose une idée magique et
     violemment égoiste, c'est à dire intéressée."

3   플라톤, 《국가》, 398a. 플라톤은 정확하게 "한 인간이 모든 형태를 취할 수
     있고 모든 것을 모방할 수 있다면(……)"이라고 말한다. 《국가》에서 플라
     톤이 적대시하는 대상은 단순한 서사적diēghēsis 시가 아니라 모방적 시다
     (즉, 열정의 모방을 통해 동일한 열정을 청취자의 마음속에 불러일으키려는 의
     도로 쓰는 시). 특히 플라톤이 주도했던 시인 추방령의 근본적인 의미는 언
     어와 폭력 사이의 관계를 다루는 이론과 함께 생각하지 않으면 쉽게 이해할
     수 없는 부분이 있다. 플라톤이 이런 생각을 하게 된 것은 소피스트들이 등
     장할 때까지만 해도 묵인되던 원칙, 즉 언어 자체는 폭력의 가능성을 가지
     고 있지 않다는 원칙이 더 이상 인정될 수 없다는 것을, 아니 오히려 폭력의
     사용이 시적 언어의 일부라는 것을 발견했기 때문이었다. 이어서 시의 여러
     장르를 (그뿐만 아니라 장단과 운율까지도) 국가 관리들에 의해 검열 받도록
     해야 한다고 주장한 것은 플라톤의 입장에서는 지극히 당연한 것이었다. 흥
     미로운 것은 플라톤이 이른바 '그리스 계몽주의' 시대에 폭력이 언어 안으
     로 도입되는 현상을 관찰했다면 동일한 현상이, 마치 의식을 '계몽'하고 사
     상과 표현의 자유를 주장하는 것이 동시에 언어적 폭력을 요구하기라도 한
     다는 듯이, 다시 18세기 말에 근대 계몽주의 운동의 전개와 함께 관찰되었
     다는 점이다.

4   같은 책, 607a.

5   안티고네의 첫 번째 합창에 관한 해석은 하이데거의《형이상학 입문Einfüh-
    rung in die Metaphysik》(1953), 112~123쪽을 참조하기 바란다.

6   에드가 빈트,《예술과 무정부상태Art and Anarchy》(1963), 9쪽.

7   니체,《인간적인 너무나 인간적인》, §212.

8   플라톤, 앞의 책, 607c.

9   작품 전집(Stuttgart, 1943), 2권, 228쪽.

10 니체,《즐거운 학문》(Colli e Montinari 판본), 19쪽, 534쪽.

2장

_____

프랑오페르와 그의 이중적 존재

그 어느 무엇보다도 더 무고해 보이는 이 예술이라는 활동은 어떤 방식으로 인간을 **공포**와 저울질할 수 있는가? 장 폴랑_{Jean Paul-}_{han}은 《타르브의 꽃_{Fleurs de Tarbes}》에서 언어가 가지고 있는 근본적인 모호함, 즉 한편으로는 감각의 지배하에 있는 기호들이 존재하고 다른 한편에는 이 기호에 상응하며 곧장 떠오르도록 배치되는 의미들이 존재한다는 점을 토대로 저술가들 사이에서 **웅변가**(수사학) 유형과 테러리스트(공포) 유형을 찾아냈다. 웅변가는 모든 의미를 형식에 귀결시키며 형식을 문학의 유일한 법칙으로 만들어버린다. 반면에 테러리스트는 이 법칙에 복종하지 않으며 정반대의 언어, 즉 의미 외에 더 이상 아무것도 아닌 언어, 기호가 스스로를 완전히 소모시키고 소멸하면서 작가를 절대자 앞으로 불러 세우는 불타오르는 사유를 꿈꾼다. 테러리스트는 토론과 추상적인 사고를 싫어한다. 그는 자신이 헤엄친다고 믿는 바다가 자신의 손가락 끝에 묻어 있는 물방울에 지나지 않는다는 것을 깨닫지 못한다. 반면에 웅변가는 말에 신경을 쓸 뿐 사유에는 신빙성을 부여하지 않는다.

예술 작품이 그 속에 있는 단순한 사물의 모습과 사뭇 다르다는 것은 너무나 분명한 이야기다. 그리스인들이 알레고리라는 개념을 통해 표현하고자 했던 바가 바로 이것이다. 예술 작품은 다른 내용을 전달하며allo agoreuei 그것을 담고 있는 실체와는 전적으로 다르다.¹ 하지만 물질이 형태를 결정하고 동시에 거의 무의미하게 만들어버리는 물체들이(예를 들면 돌덩어리, 물 한 방울, 그리고 일반적으로 모든 자연적인 것들) 있는 반면 다른 것들은(항아리, 곡괭이, 인간에 의해 만들어진 모든 것들) 형태가 물질을 결정하는 듯이 보인다. 공포, 테러리스트의 꿈은 돌덩어리나 물 한 방울이 존재하는 것과 동일한 방식으로 세상에 존재할 수 있는 작품을 창조하는 것, 즉 사물 자체의 상태를 기준으로 존재할 수 있는 생산품을 만들어내는 것이다. 플로베르는 불만을 토로하면서 이런 표현을 사용한 적이 있다. "걸작들은 어리석다. 자연이 직접 빚어내는 것들, 몸집 큰 짐승이나 산처럼 편안한 얼굴을 하고 있지 않은가." 드가는 "멋진 그림처럼 평평하다[단조롭다]"²라는 표현을 쓰기도 했다.

발자크의 《알려지지 않은 걸작》에서 화가 프랑오페르Frenhofer는 완벽한 유형의 테러리스트로 등장한다. 프랑오페르는 십 년에 걸쳐 천재적일 뿐만 아니라 단순히 예술 작품이라고만은 할 수 없는 그림을 남기기 위해 노력한다. 피그말리온처럼, 프랑오페르는 자신의 〈목욕하는 여인〉을 기호와 색채로 구성된 하나의 집합체가 아니라 자신의 상상력과 사유를 토대로 하는 하나의 살아 있는 현실로 만들기 위해 애쓰면서 예술로 예술을 소멸시킨다. 그는 두 명의 방문자에게 이렇게 말한다. "제 그림은 그림이 아니라 하나의 감정, 하나의 열정입니다! 제 스튜디오에서 태어났으니 이곳에 처녀로 머물러 있어야 하고 옷을 입지 않고서는 밖으로 나갈 수 없습니다. 여러분은 그림을 보려고 하지만 사실은 한 여인 앞에 서 있습니다. 이 화폭에는 말로는 표현할 수 없는 깊이가 있습니다. 너무나 사실적이어서 이 작품과 주변의 공기를 구별하는 것조차 여러분에게는 힘든 일일 것입니다. 예술이 어디에 있습니까? 없습니다. 사라졌어요!" 그러나 이 절대적인 의미의 탐색을 통해 프랑오페르는 화폭에서 인간의 형상을 모두 지워버리고 자신의 생각을 어둡게 가리면서 인간의 모습을 엉망으로, 색과 색조, 불분명한 선으로 이루어진 혼돈의 세계로, '형태를 찾아볼 수 없는 안개와 비슷한 무언가'로 만들 뿐이다. 이 비상식적인 그림의 벽 앞에서 젊은 푸생은 이렇게 말한다. "하지만 조만간, 아니 언젠가는 그도 자신의 화폭 위에 아무것도 남아 있지 않다는 것을 깨닫게 되겠지!" 이 말은 다름 아닌 **공포**가 서양 예술에 가하기 시작한 위협을 고발하는 경보처럼 들린다.

프랑오페르의 그림을 좀 더 자세히 관찰해보자. 화폭 위에는 여러 색상이 혼란스럽게 뒤섞여 있고 형체 역시 해석이 불가능한 선들의 소란스러운 엉킴으로 이루어져 있을 뿐이다. 어떤 의미도, 어떤 내용도 발견할 수 없지만 예외는 '불탄 도시의 폐허에서 불쑥 솟아오른 비너스의 흉상처럼' 화폭의 남은 부분으로부터 떨어져나온 듯한 발 한쪽의 끝부분이다. 어떤 절대적인 의미의 탐구가 모든 의미를 집어삼켰고 기호들만 아무런 의미 없는 형태로 살아남았다. 하지만 그렇다면, '알려지지 않은 걸작'이란 오히려 수사학의 걸작이 아닌가? 기호를 소멸시킨 것이 의미인가, 아니면 의미를 폐지시킨 것이 기호인가? 이것이 바로 테러리스트가 마주하게 되는 공포의 모순이다. 그는 사라져가는 형식의 세계로부터 탈출을 원하지만 이를 위한 유일한 수단은 동일한 형식뿐이다. 형식을 소멸하기 위해 노력하면 할수록 그만큼 그것에 집중해야 한다. 형식을 그가 표현하고자 하는 표현 불가능성에 의해 흡수가 가능한 것으로 만들어야 하기 때문이다. 하지만 이러한 시도 끝에 그의 손에 주어지는 것은, 물론 무의미의 고성소古聖所를 통과했지만 그렇다고 그가 추구하던 의미와의 관계가 덜 이질적으로 발전했다고 할 수 없는 기호들뿐이다. 수사학으로부터의 탈출이 그를 공포 앞으로 데려가지만 공포는 그를 다시 정반대의 자리, 즉 수사학 앞으로 데려간다. 그런 식으로 토론과 추상적 사고에 대한 혐오는 반대로 문헌학이라는 결과를 낳았고 기호와 의미는 영원한 악순환 속에서 서로를 추적하는 관계로 발전했다.

기표와 기의의 복잡한 관계는, 형이상학적 차원에서 '의미 있는 소리phōnē sēmantikē'로 풀이되는 서구 언어의 유산 속에 결코 분리될 수 없는 방식으로 연결되어 있기 때문에 형이상학 밖으로 벗어나지 않은 상태에서 그것을 초월해보려는 모든 시도는 도달하려는 목표 주변을 가까이에서 맴돌 수밖에 없는 운명에 처해 있다. 현대문학은 **공포**와 부딪히는 이러한 모순적인 운명의 수많은 예들을 보여준다. 공포에 완전히 사로잡힌 인간은 스스로를 펜-인간homme-plume*으로 느끼기도 했고 문학적 **공포**의 가장 순수한 해석자들 가운데 하나였던 말라르메가 결국에는 책을 하나의 가장 완벽한 우주로 만들어버린 인물이라는 사실도 이러한 모순과 결코 무관하지 않다. 아르토는 말년에《심복과 단상Suppôts et fragmentations》이라는 글을 쓰면서 문학 자체를 그가 한때 연극이라고 부르던 것, 즉 한때 연금술사들이 자신들의 정신적인 세계를 묘사하기 위해 '화학 극장Theatrum Chemicum'이라고 부르던 것과 비슷한 무언가로 완전한 분해를 시도한 적이 있다. 이 '극장'이라는 단어의 현대 서구 문화적인 의미에 얽매이는 한, 그 원래의 개념에 우리는 조금도 가까이 다가서지 못할 것이다. 하지만 이 문학 바깥으로의 여행이 가져온 결과가 기호들이 아니라면 무엇이겠는가? 다시 말해, 우리가 이 기호들 속에서 문학의 운명을 끝까지 탐구했다고 느꼈기 때문에 그것들의 무의미에 대해 질문을 던지고 있는 것이 아니라면 무엇이겠는가? 하나의 유일한 일관성으로 축약되기를 간절히 바라는 **공포**에게 남는 것은 랭보가 실행에

---

* 스스로를 펜과 다름없는 존재로 느끼던 플로베르를 가리킨다.

옮겼던 행위, 즉 말라르메가 지적한 것처럼, 랭보가 스스로에게서 시를 산 채로 잘라내며 보여주었던 행위뿐이다. 그러나 이 극단적인 움직임 속에서도 공포의 모순은 여전히 남아 있다. 이 랭보라는 수수께끼는 사실 문학이 문학과 정반대되는 것, 즉 침묵을 수용하는 지점이 아니면 또 무엇이겠는가? 어쩌면 랭보의 영광은, 블랑쇼가 정확하게 주목했던 것처럼, 그가 쓴 시들과 쓰기를 거부했던 시들을 기준으로 분리되어 있지 않은가?[3] 이것이 어쩌면 수사학의 걸작 아닐까? 그렇다면 이 시점에서 우리는 공포와 수사학의 대립이 혹시라도 영원한 반전에 대한 허황된 성찰 이상의 무언가를 감추고 있는 것은 아닌지, 그리고 그 안에 고집스럽게 남아 있는 현대 예술의 뒤편에 전혀 다른 종류의 현상이 숨어 있는 것은 아닌지 물어야 할 것이다.

프랑오페르에게 무슨 일이 일어났는가? 적어도 제삼자가 그의 걸작을 두 눈으로 목격하기 전까지는 프랑오페르는 잠시라도 자신의 성공에 대해 의심한 적이 없었다. 그러나 프랑오페르가 두 명의 관람자, 포르부스Porbus와 푸생Poussin의 시선으로 그림을 바라보는 순간 그는 순식간에 그들의 의견을 자신의 것으로 받아들일 수밖에 없는 처지에 놓인다. "아무것도 아니었는데, 이런 걸 만들려고 십 년이라는 세월을 소비하다니."

프랑오페르는 둘로 쪼개진다. 그는 예술가의 관점에서 관람자의 관점으로, 흥미로운 행복의 약속에서 사심 없는 미학의 세계로 건너간다. 이 전이 과정을 통해 파괴되는 것이 바로 그의 작품이 가지고 있는 완전성이다. 다시 말해, 프랑오페르만 둘로 쪼개지는 것이 아니라 그의 작품 역시 이중화된다. 어떤 복잡한 기하학 문양들은 오랫동안 바라보면 또 다른 모양새를 띠기 시작한다. 이 새로운 형상에서 이전에 보았던 상태의 형상으로 돌아간다는 것은 눈을 감지 않고서는 불가능한 일이다. 따라서 그의 작품은 번갈아가며 두 얼굴을 보여준다. 재구성을 통해 통일된 모습을 여기에 부여한다는 것은 불가능한 일이다. 예술가를 향한 얼굴은 그가 자신의 행복의 약속을 발견하는 살아 있는 현실과 일치하지만, 관람자를 향한 얼굴은 생기 없는 요소들의 합과 일치하며 미적 판단에 의해 상정되는 이미지 속에서만 투영될 뿐이다.

관람자가 경험하는 예술과 예술가가 경험하는 예술로 분리되는 이 이중화가 다름 아닌 공포다. 그리고 이 공포와 수사학의 대립은 결국 우리가 출발점으로 삼았던 예술가와 관람자의 대립으로 우리를 인도한다. 그렇다면 미학은 단순히 미적인aisthēsis 것을 기준으로, 관람자의 감각적 이해만을 기준으로 하는 예술의 정의는 아닐 것이다. 미학에는 처음부터 예술 작품을 하나의 작품opus으로 보는, 하나의 독특하고 단순화가 불가능한 노동operari, 예술적 노동의 산물로 보는 견해가 들어 있었다. 이러한 원리의 이중성, 즉 예술 작품이 예술가의 창조적인 활동에 의해서뿐만 아니라 동시에 관람자의 감각적 이해에 의해 결정된다는 점이 미학의 역사 전체를 관통한다. 우리는 바로 이러한 이중성 속에서 미학적 성찰의 핵심과 그것의 생동하는 모순을 찾아야 한다. 이제 우리는 니체가 예술가를 위한 예술에 대해 언급하면서 과연 무슨 이야기를 하고 싶었던 것인지 물을 수 있다. 다시 말해, 문제는 예술에 대한 전통적 관점의 단순한 변화인가, 아니면 예술 작품에 고유한 본질적인 상황의 변화, 따라서 현대 예술의 운명을 설명해줄 수 있는 변화인가?

1 하이데거, 〈예술 작품의 기원Der Ursprung des Kunstwerkes〉, 《숲속의 길Holz-
   wege》(1950), 9쪽.

2 폴 발레리, 《텔 켈Tel Quel》, I, 11에서 인용. '절대적인 것의 무미건조함'이라
   고 부를 수 있는 것을 추구하는 경향이 보들레르의 열망 속에, 즉 평범하고
   진부한 표현을 만들어내려는 그 열망 속에 들어 있다. "진부한 것을 창조해
   내는 일이야말로 천재적인 일이다. 나는 진부한 것을 창조해야 한다."(〈불꽃
   놀이Fusées〉)

3 모리스 블랑쇼, 〈랭보의 잠Le sommeil de Rimbaud〉, 《불의 몫La part du feu》
   (1949), 158쪽.

3장

취향의 인간과 분열의 변증법

17세기 중반에 이르러 유럽 사회에 이른바 취향의 인간, 즉 하나의 특별한 기능, 당시의 사람들 입에 오르내리던 대로, 거의 초월적 감각에 가까운 능력을 지닌 인간 유형이 등장한다. 모든 예술 작품에 내재하는 고유의 완성도를 파악할 수 있도록 허락해주는 것이 바로 이 기능의 힘이었다.

라브뤼예르Jean de La Bruyère는 《인물들의 성격》에서 이러한 인간 유형의 등장을 이미 익숙한 사실처럼 표현한다. 따라서 미적 판단력을 소유한 서양인의 불편한 원형을 소개하는 라브뤼예르의 언어 속에서 특이한 점을 발견한다는 것은 우리 현대인들에게는 결코 쉬운 일이 아니다. 그는 이렇게 말한다. "자연 속에 진미 혹은 성숙함이 존재하듯이, 예술 속에는 완성도라는 것이 존재한다. 이를 느끼고 사랑하는 사람은 완벽한 취향을 지닌 셈이지만 이를 전혀 느끼지 못하고 완성도가 모자라거나 이와 상관없는 것을 사랑하는 사람은 나쁜 취향을 가지고 있다고 볼 수 있다. 즉, 좋은 취향이 있고 나쁜 취향이 있다. 따라서 사람들이 이를 두고 논쟁하는 것은 당연한 일이다."[1]

이러한 유형의 인간이 드러내는 새로운 측면을 전체적으로 파악하기 위해서는 16세기에만 해도 훌륭한 취향과 나쁜 취향을 구분하는 명백한 기준이 존재하지 않았다는 점과, 한 예술 작품 앞에서 그것을 이해하는 올바른 방법에 대해 고민하는 것이 사실은 라파엘로 혹은 미켈란젤로에게 작품을 의뢰하던 세련된 후견인들에게조차도 결코 익숙한 일이 아니었다는 사실을 이해해야 할 필요가 있다. 당시의 시대감각은 종교예술 작품과 꼭두각시 인형, 오락용 기계장치, 사람과 자동기계로 꽉 찬 거대한 연회용 트로피 장식 사이에 커다란 차이를 두지 않았다. 우리가 보고 감탄해 마지않는 아름다운 프레스코화와 건축예술을 창조해낸 예술가들은 온갖 종류의 하찮은 장식 작업과 다양한 기계장치의 설계도 마다하지 않았다. 예를 들어, 브루넬레스키Brunelleschi는 두 무리의 천사들이 에워싸고 있는 천구 모양의 기구에서 한 자동기계(대천사장 가브리엘)가 아몬드 모양의 기구를 타고 하늘로 솟아오르는 장치를 만들었고 멜키오레 브로에데를람Melchiorre Broederlam이 복원하고 채색한 기계장치는 필리포 일 부오노Filippo il Buono의 초대 손님들을 위해 물을 뿜고 가루를 뿌리는 데 사용되었다. 또 다른 예로 에댕Hesdin의 성에 있는 방 하나는 이아손Jason의 이야기를 그린 일련의 벽화들로 장식되었을 뿐만 아니라 좀 더 현실적인 느낌을 주기 위해 메데이아Medea의 마술을 흉내 내는 것은 물론 번개와 천둥, 눈과 비가 오게 만드는 일련의 기계장치들이 설치되어 있었다. 물론 이러한 것들은 우리 현대인의 미적 감각을 기준으로 본다면 혐오스러운 느낌을 줄 수밖에 없는 것들이다.

그러나 우리가 이 저속한 취향과 혼란스러움으로 빚어진 걸작에서 벗어나 취향의 인간을 좀 더 가까이서 관찰해보면 놀랍게도 우리는 그의 등장이 우리가 예상할 수 있었던 것과는 달리 예술에 대한 정신적인 이해 범위의 확장이나 예술에 대한 관심의 확대와 결코 일치하지 않는다는 점을, 아울러 우리가 확인할 수 있는 일련의 변화들이 단순히 미적 감각의 정화로 귀결되는 것이 아니라 예술 작품의 상황 자체를 문제 삼으면서 그것을 변화 속으로 끌어들인다는 사실을 발견하게 된다. 르네상스는 교황과 군주가 예술에 특별한 관심을 보이면서 교회나 나라를 다스리는 일은 제쳐두고 예술가들과 함께 이들의 작품 계획과 작업에 대해 열띤 토론을 벌이던 시대였다. 하지만 우리가 그들의 영혼이 정신의 어떤 특별한 기능을, 다시 말해 다른 모든 정신적 기능과 대별되고 순수하게 감각적인 관심과도 거리가 먼 기능을 가지고 있기 때문에 이를 통해 그들이 예술 작품을 이해하고 식별할 수 있다는 이야기를 들려준다면 그들은 아마도 이런 이야기 자체를 상당히 그로테스크하게 받아들일 것이다. 이런 이야기는 그들에게 인간이 숨을 쉬는 것은 그의 몸 전체가 그것을 필요로 하기 때문이 아니라 오로지 폐 운동을 만족시키기 위해서일 뿐이라고 말하는 것과 마찬가지다.

그럼에도 불구하고 바로 이러한 생각들이 17세기의 유럽 상류사회에서 또렷한 윤곽을 드러내기 시작한다. '훌륭한 취향'이라는 표현 자체가 취향이 좋거나 나쁠 수 있다는 것을 의미했기 때문에 예술 역시 좀 더 혹은 덜 훌륭할 수 있다는 이야기를 제시하는 듯이 보였다. 예를 들어, 이 주제에 관한 수많은 의견들 가운데 이런 표현을 찾아볼 수 있다. "음식을 고르면서 좋은 맛과 좋지 않은 맛을 구별할 줄 아는 사람을 두고 훌륭한 취향을 가졌다고 말하지만 이런 표현을 요즘은 문학 분야에서 몇몇 작가들이 자신 스스로에게 적용하는 모습을 볼 수 있다." 이렇게 말하는 저자의 자연스러움 속에는 발레리Paul Valéry가 3세기 후에 농담조로 표현하게 될 생각이 이미 담겨져 있었다고 볼 수 있다. "취향은 수많은 악취향으로 만들어져 있다."[2]

예술 작품을 식별하고 평가하는 이 신비로운 기능의 정체가 밝혀지는 과정을 우리는 너무 밝은 물체 앞에서 사진기 렌즈의 4분의 3이 닫히는 순간과 비교할 수 있을 것이다. 앞선 두 세기 동안 이루어진 예술의 눈부신 발전을 생각하면 이러한 부분적인 폐쇄는 신중하고 필요한 조치처럼 보이기도 한다. 취향에 대한 생각이 조금씩 구체적인 형체를 갖추고, 이와 함께, 바로 미적 판단이라는 신비롭고 현대적인 감각의 탄생을 예고하는 하나의 독특한 심리적 반응이 구체적인 모습을 갖추게 되면서 사람들은 예술 작품이 (적어도 완성되기 전까지는) 전적으로 예술가의 능력에 달렸으

며 그의 상상력은 한계도, 외부로부터의 강요도 허락하지 않는다
는 생각이 자리 잡기 시작했다. 이와는 반대로 예술가가 아닌 관
람자는 그저 바라볼 수밖에 없는 처지에 놓이게 되고 점점 더 불필
요하고 수동적인 하나의 파트너로 변신하게 된다. 그에게 예술 작
품은 훌륭한 취향을 연마할 수 있는 기회를 제공할 뿐이다. 현대
적인 감각의 미적 판단을 기준으로 교육을 받은 우리는 이러한 태
도를 당연한 것으로 받아들이고 예술가의 작업에 끼어드는 것이
그의 자유를 부당하게 박탈하는 일이라고 여긴다. 지금은 어떤 예
술 후원가도 줄리오 데 메디치Giulio de Medici가 그랬던 것만큼 감히
예술 작품의 고안과 제작에 직접 끼어들 생각을 하지 못할 것이
다. 클레멘테Clemente 7세라는 이름으로 교황에 오른 줄리오 데 메
디치는 산 로렌초 성당의 새 성구실Sagrestia nuova을 꾸미는 데 직접
적으로 관여했던 인물이다. 어찌 되었든 우리는 미켈란젤로가 그
런 이유로 그에게 불쾌함을 표명한 적도 없고, 오히려 제자 한 명
에게 교황 클레멘테 7세가 예술가의 작업에 대한 비범한 이해력
을 지닌 사람이라고 언급했다는 사실을 알고 있다. 하지만 에드
가 빈트는 이와 관련해 르네상스의 위대한 예술 후원자들이 정확
하게 우리 현대인들이 예술 후원자라면 절대로 보이지 말아야 한
다고 믿는 모습, 즉 '불편하고 서투른 파트너'[3]의 이미지를 가지고
있었다고 지적한 바 있다. 반면에 1855년에만 해도 여전히 부르
크하르트는 시스티나 소성당의 천장 벽화 〈천지창조〉를 소개하
면서 이 작품이 미켈란젤로의 천재성이 만들어낸 걸작일 뿐만 아

니라 동시에 교황 줄리오 2세가 인류에게 남긴 선물이라는 생각을 가지고 있었다. 그는 《키케로Cicerone》*에 이렇게 기록했다. "이 작품은 교황 줄리오 2세가 우리에게 남긴 하나의 선물이다. 그는 때로는 폭력적으로 때로는 자비로운 모습으로, 미켈란젤로의 용기를 북돋기도 하고 고개를 숙이기도 하면서, 그가 아니라면 어느 누구도 얻어내지 못할 것을 미켈란젤로로부터 얻어냈다. 그의 이름은 예술사에 하나의 축복으로 길이 기억될 것이다."

만약에 17세기를 살아가던 한 취향의 인간이 오늘날의 관람자처럼, 예술가가 '천재성을 발휘하든 장난기를 발휘하든' 무언가를 만드는 행위에 끼어드는 일이 나쁜 취향의 행동이라고 생각했다면, 그것은 아마도 그의 정신세계에서 예술이 차지하는 위치가 클레멘테 7세나 줄리오 2세의 정신세계 속에서 차지하던 것과는 사뭇 달랐기 때문이었을 것이다.

자신의 취향을 예리하게 다듬으면 다듬을수록 취향 자체가 마치 사라져가는 유령처럼 변해가는 한 관람자 앞에서 예술가는 좀 더 자유롭고 동시에 희박해진 영역 안에서 움직인다. 바로 여기서 예술가를 생생한 사회조직으로부터 아무도 살지 않은 미학의 북쪽 땅으로 몰아내는 이주가 시작된다. 이 불모지에서 스스로의 양분을 찾아 헛되이 방황하는 예술가는 결국에는 플로베르의 《성 앙투안의 유혹》에서 의식조차 하지 못하고 자신의 사지를 집어삼키는 카토블레파스Catoblepas*와 전혀 다를 바 없는 존재가 되어버린다.

유럽 사회에 '취향의 인간'이 균형을 갖추고 구체적인 모습을 드러내는 사이에 '예술가'는 균형을 잃고 평범한 것과는 거리가 먼 차원에 들어선다. 덕분에 빠른 속도로 발전하면서, 예술가의 위상은 플로베르가 사전 속의 단어 '예술가' 옆에 적어 넣는 문장, "예술가들은 다른 모든 사람과 같은 방식으로 옷 입는 것을 두려워한다"라는 하나의 통념에 정당성을 부여하기에 이른다. 취향이 예술을 모든 전염과 참견으로부터 자유롭게 하기 위해 노력하면 할수록 예술이 그것을 창조해야 하는 사람들을 향해 드러내는 얼굴은 더욱더 불순하고 음산하게 변했다. 17세기가 흐르는 동안 가짜 천재라는 유형, 즉 예술에 신이 든 인간이지만 저질인 예술가의 출현과 함께 예술가의 위상이 앞으로 더 이상 떨쳐버릴 수 없는 그림자를 드리우기 시작했다는 것은 결코 우연이라고 볼 수 없다.[5]

*

취향의 인간 역시, 예술가와 마찬가지로, 스스로의 그림자를 지니고 있다. 이제 우리가 취향의 인간이라는 수수께끼를 정말 가까이서 관찰하기 원한다면 집중해서 살펴보아야 할 것이 바로

---

* 자기 자신의 몸을 삼키면서 사는 동물로, 이야기를 지어내기 위해 구실을 찾아 자신의 경험을 온통 파헤치는 소설가에 비유된다.

이 그림자다. 저속한 취향mauvais goût의 인간이 당시의 유럽 사회에서 전적으로 새로운 유형의 인간이었다고는 할 수 없을 것이다. 하지만 17세기가 흐르는 동안, 다름 아닌 '훌륭한 취향'이라는 개념이 구체적으로 확립되는 동안, 나쁜 취향 역시 나름대로 상당한 중요성과 무게를 지니게 된다. 악취향의 영향력은 사실 우리가 앞에서 인용했던 발레리의 문장이 완전히 다른 의미로 읽히더라도 놀라지는 말아야 할 정도로 대단한 것이었다. 다시 말하자면, "취향은 수많은 악취향으로 만들어져 있다"라는 발레리의 문장은 얼마든지 훌륭한 취향은 본질적인 차원에서 악취향으로 만들어져 있다는 전혀 예기치 못했던 방식으로 읽힐 수 있다.

라브뤼예르의 정의 속에 함축되어 있듯이, 저속한 취향의 인간이란 단순히 예술을 이해하는 능력은 조금도 가지고 있지 않기 때문에 예술에 문외한이거나 그것을 경멸하는 인간이 아니라, 오히려 옳은 지점의 '이곳저곳au deça ou au delà'을 사랑하기 때문에 참과 거짓을 구분하지 못하고 예술 작품의 완성도를 포착할 줄 모르는 사람이다. 몰리에르는 이 저속한 취향의 인간이 어떤 모습을 하고 있는지를 《평민 귀족Bourgeois gentilhomme》에서 묘사한 바 있다. 주인공 무슈 주르댕Monsieur Jourdain은 예술을 경멸하지 않는다. 게다가 예술의 매혹적인 면에 무관심한 것도 아니다. 그의 가장 커다란 욕망은 오히려 취향의 인간이 되는 것, 추한 것에서 아름다운 것을 식별하고 예술이 아닌 것에서 예술을 식별할 줄 아는 사람이 되는 것이다. 그는 볼테르가 주목했던 것처럼, 단순히

'수준 높은 사람이 되고 싶어 하는 부르주아'[6]가 아니라 동시에 취향의 인간homme de goût이 되고 싶어 하는 저속한 취향의 인간homme de mauvais goût이다. 그러나 이러한 욕망을 가진다는 것 자체가 신비로운 면을 지니고 있다고 볼 수밖에 없는 것은 어떻게 취향 없는 사람이 훌륭한 취향을 하나의 가치로 간주할 수 있는지가 분명하지 않기 때문이다. 게다가 더 놀라운 것은 몰리에르가 그의 희극 속에서 주인공 무슈 주르댕을 어느 정도의 인내심을 가지고 대한다는 점, 마치 주인공의 순박하고 저속한 취향이 그를 가르쳐야 할 선생들, 그를 골탕 먹이기 좋아하는 **수준 높은 사람들**hommes de qualité의 세련된, 동시에 냉소적이고 부패한 감각의 예술과 크게 다르지 않은 것처럼 취급한다는 점이다. 몰리에르가 그의 작품을 통해 수준 높은 사람들 편을 든다고 생각했던 루소조차도 긍정적으로 평가받아야 할 주인공은 무슈 주르댕이라는 것을 알아차렸다. 그는 달랑베르D'Alembert에게 보내는 편지에 이렇게 기록한다. "나는 그[몰리에르]가 악습을 비판한다고 들었다. 하지만 나는 그가 비판하는 사람들과 격려하는 사람들을 비교해보고 싶다. 누가 더 비난을 받아야 하는가. 바보같이 귀족 노릇을 하는 무지하고 허영에 찬 부르주아인가, 아니면 그를 놀리는 야비한 귀족인가?" 하지만 무슈 주르댕의 모순은 그가 그의 선생들보다 정직한 사람일 뿐만 아니라 어떻게 보면 훨씬 더 민감하고, 아울러 그에게 예술 작품을 평가하는 법을 가르쳐주는 사람들보다 예술에 대해 훨씬 더 열린 자세를 견지한다는 점에 있다. 이 저속한 인간은 아름다움의 포로가 되어 어찌할 바를 모른다. 산문이 무엇인지조차 모르는 이 무지한 인간은 문학을 너무나 사랑한 나머지 자신이 하는 말 역시 어찌 되었든 산문이라는 생각만으로도 다시 태어난 것처럼 느낄 수 있는 사람이다. 그의 감흥은 바라보는 대상을 평가할 줄 모르지만, 그의 영민하지 못한 판단력을 곧게 하는 것이 바로 돈이며 그가 돈 주머니 안에서만 생각할 줄 안다고 보는 취향의 인간에 비하면 그의 감흥이 훨씬 더 예술에 가깝다고 할 수 있다. 우리가 마주하고 있는 이 특이한 현상은 바로이 지점에서 분명한 윤곽을 드러내기 시작한다. 다시 말해, 예술은 훌륭한 취향의 소중한 결정체 속에서 반짝인다기보다는 오히려 조잡한 취향의 무분별하고 형태 없는 틀 속에 주어지는 듯이보인다. 뭐랄까, 마치 훌륭한 취향이 예술 작품의 완성도를 감지할 수 있도록 해주는 반면 사실은 취향의 인간이 예술 작품에 대해 초연한 자세를 취하도록 만들고, 예술이 훌륭한 취향을 완벽하게 수용할 수 있는 메커니즘 안으로 들어서는 순간 사실은 조금 덜 완벽하더라도 좀 더 흥미로운 메커니즘이라면 충분히 보전할 수 있는 예술 고유의 생명력을 결국에는 잃어버리는 듯이보인다는 것이다.

이야기는 여기서 그치지 않는다. 취향의 인간이 잠시라도 스스로를 돌아볼 기회를 가지는 순간 알아차릴 수밖에 없는 것은 자신이 예술에 무관심해졌다는 사실뿐만 아니라 자신의 취향이 정화되면 될수록 그의 영혼이 훌륭한 취향을 가진 자라면 거부할 수밖에 없는 모든 것에 자연스러운 매력을 느끼게 된다는 사실이다. 모든 것은 마치 훌륭한 취향 자체가 정반대의 취향으로 타락하는 경향을 가지고 있는 것처럼 진행된다. 우리는 마담 드 세비녜 Madame de Sevigné가 1671년 7월 5일과 7월 12일에 쓴 두 편의 놀라운 편지 속에서 우리 문화의 가장 명백하게 모순적인 특징들(물론 그렇다고 해서 그만큼 덜 관찰되었다고 볼 수 없는 특징들) 가운데 하나가 윤곽을 드러내는 것을 목격할 수 있다. 당시의 소수 독자층 사이에서 조금씩 읽히기 시작하던 추리소설에 대해 이야기하면서 이 완벽한 취향의 여성은 그토록 형편없는 문학작품에 대해 자신이 느끼는 매력을 어떻게 설명해야 하는지를 자문한다. "때로는 내가 저 어리석은 것들을 향해 품는 열정이 어디에서 비롯되는 것인지 생각해보곤 해. 하지만 그걸 이해한다는 건 정말 힘든 일이야. 아마도 넌 기억하겠지. 고약한 문체들 때문에 내가 얼마나 커다란 상처를 받는지 말이야. 너는 알고 있을 거야. 내게 좋은 작품을 알아보는 안목이 있고, 설득력이 뿜어내는 매력에 나만큼 민감한 사람도 없다는 걸. 라 칼프르네드 La Calprenède의 문체는 혐오스러운 곳이 한두 군데가 아니야. 장황한 문장들, 고약한 단어들. (……) 이 모든 걸 나는 감지할 수 있어. 그의 문체는 정말 고약하다는 생각이 들어. 하지만 그런데도 나는 꼼짝없이 빠져들고 있어. 감성적인 아름다움, 난폭하다고 느껴질 정도로 강렬한 열정, 굉장한 규모의 사건들, 이것들이 검이 되어 날카롭게 휘두르는 충격의 기적적인 성공. (……) 아, 이 모든 것에 나는 마치 어린 소녀처럼 빠져들고 있어. 그 구도 안으로 들어가고 있는 셈이지. 내게 위안을 주는 라 로슈푸코La Rochefoucauld와 닥크빌d'Hacqueville이 없었더라면, 나의 이런 연약함이 부끄러워서 나는 정말 목이라도 매달고 싶었을 거야."

훌륭한 취향이 정반대되는 취향을 추구하는 이 형언할 수 없는 성향은 현대인에게 너무 익숙한 것이 되어버려서 더 이상 놀라운 점을 발견할 수 없을 뿐만 아니라 어떻게 릴케의 《두이노의 비가》나 이안 플레밍의 소설들, 세잔느의 그림이나 꽃문양의 수납장처럼 이질적이기 짝이 없는 대상들 사이에서 자신의 취향이 분리되는 것을 지켜보는 일이 가능한지 더 이상 의문을 품지 않는다(아니, 그것이 오히려 자연스럽다고 간주할 뿐이다). 마담 드 세비네에 이어 두 세기가 흐른 뒤 비평가 브륀티에르Brunetière가 훌륭한 취향의 이러한 비난받을 만한 성향에 대해 다시 관찰했을 때는 이러한 성향 자체가 너무 강하게 변해버렸기 때문에, 훌륭한 문학과 저속한 문학 사이의 차이점을 분명하게 유지하면서도 저속한 문학만 다룬다는 인상을 주지 않기 위해 스스로와 치열한 싸움을 벌여야만 했다. "비평가의 운명은 얼마나 잔인한가. 모든 인간이 자신의 본능적인 취향을 따르지만 오로지 비평가만 스스로의 취향과 싸움을 벌이며 세월을 낭비한다. 하지만 그가 자신에게 쾌락을 허락하는 순간 한 목소리가 그에게 소리친다. 아, 불쌍한 인간, 당신 지금 뭘 하고 있는 거지? 뭘 하느냐고! '두 아이' 때문에 울고 '셋 중에 제일 행복한 아이' 때문에 웃어버리는 당신,

라비쉬Labiche 덕분에 즐거워하고 덴느리Dennery 덕분에 감동받는 당신, 베랑제Béranger의 노래를 흥얼거리는 당신, 아마도 숨어서 알렉산더 뒤마와 술리에Soulié를 몰래 읽겠지! 하지만 당신의 신념, 당신의 소명, 당신의 사제직은 어디에 있지?"[7]

뭐랄까, 프루스트가 영리한 사람을 두고 지적했던 것과 비슷한 현상이 취향의 인간에게도 일어났다고 볼 수 있다. "좀 더 영리해지는 것이 조금은 덜 영리해질 수 있는 권리를 만들어낸다." 다시 말해, 영리함이 일정한 한계를 넘어서면 어리석음을 필요로 하는 것처럼 보이듯이 훌륭한 취향이 어떤 일정한 수준을 넘어서면 저속한 취향 없이는 더 이상 유지될 수 없다는 이야기가 성립될 수 있다. 오락을 위한 예술과 문학의 존재는 오늘날 오로지 대중사회에만 연관된 것으로 인식되고 있고 우리는 그것이 처음으로 폭발적인 인기를 얻기 시작한 19세기 후반의 지식인들의 심리 상태를 기반으로 이해하는 데 익숙해져 있다. 그러나 오락 예술이 탄생했을 당시, 마담 드 세비녜가 라 칼프르네드의 소설 속에 나타난 그것의 모순적인 매력에 대해 묘사했을 때 오락 예술은 대중사회가 아닌 귀족 사회만의 현상이었다. 따라서 대중문화 비평가들이 좀 더 유용한 일을 하기 원한다면 무엇보다도 다음과 같은 질문, 즉 어떻게 세련된 엘리트 계층이 스스로의 취향을 위해 저속한 대상을 탄생시켜야 할 필요를 느꼈는가라는 질문을 던져야 할 것이다. 한편, 우리가 주변에 아무리 무관심하더라도 어쩔 수 없이 목격하게 되는 것은 오락 문학이 오늘날 탄생 당시의 모습으로 돌아왔다는 점, 즉 중산층과 하층민보다는 먼저 상류사회 계층을 사로잡는 현상으로 돌아왔다는 사실이다. 물론 우리의 영예를 위해 돌아온 것은 아니다. 키치kitsch나 문예란 소식만 다루는 많은 지성인 가운에 마담 드 세비네처럼 이 하찮은 유혹 앞에서 나약해지는 자신의 모습 때문에 목을 매달 마음의 준비가 되어 있는 사람이 한 명도 없는 것을 보면, 분명히 우리를 위해 돌아온 것은 아니다.

반면에 예술가들은 라 칼프르네드의 가르침을 뒤늦게나마 받아들였고 처음에는 무의식적이었지만 조금씩 더 공개적인 방식으로 저속한 취향을 예술 작품 속에 도입하기 시작했다. 이들은 '감성적인 아름다움' '난폭하다고 느껴질 정도로 강렬한 열정' '이것들이 검이 되어 날카롭게 휘두르는 충격의 기적적인 성공'처럼 독자들의 관심을 불러일으키고 깨어 있도록 할 수 있는 모든 요소를 문학이라는 허구적 세계의 본질적인 자산으로 만들어버렸다. 프랜시스 허치슨Francis Hutcheson과 취향의 또 다른 이론가들이 통일성과 조화라는 이상을 아름다움의 기초로 정립시킨 세기는 동시에 잠바티스타 마리노Giambattista Marino가 경이로움의 시학을 이론화시킨 시대였고, 아울러 바로크의 기이함과 과장을 목격한 세기였다. 극장에서 부르주아 비극과 눈물의 희극Comédie larmoyante을 지지하던 이들은 결국 고전주의자들과의 경쟁에서 승리를 거머쥐었고,《무슈 드 푸르소냑Monsieur de Pourceaugnac》을 무대에 올린 몰리에르는 두 명의 의사가 시술을 꺼려 하는 한 환자에게 관장을 실시하려는 장면을 선보이면서 플라스틱 관을 하나만 가져오는 대신 극장 내부를 전부 플라스틱 관으로 꽉 채워버렸다. 명료하게 구분되던 장르들, 즉 순수한 취향의 숭배자들이 유일하게 허락하던 장르들은 조금 덜 귀족적인 장르들에 의해 천천히 대체되었다. 이 저속한 장르의 원형은 다름 아닌 소설이다. 소설은 저속한 취향을 만족시키기 위해 탄생했고, 결국은 문학 장르 가운데 가장 중요한 장르로 자리 잡았다. 1700년대 말에 탄생한 고딕소설이라는 장르는 훌륭한 취향이 고수하는 원칙들의 단순하고 순수한 전복을 기반으로 하는 것이었다. 흥미로운 예술을 수호하기 위해 고군분투하던 낭만주의자들은 이러한 변화 과정을 수용하는 데 조금도 주저하지 않았고 한때 훌륭한 취향이 예술적 경험으로부터 제외시켜야 한다고 굳게 믿었던 정신의 영역을 공포와 전율을 통해 예술에 되돌려주려고 노력했다. 이 저속한 취향의 반항은 시poésie와 취향goût(혹은 정신esprit) 간의 전격적인 대립을 가져왔다. 이러한 면은 평생 동안 풍부하고 과장된 표현의 망상에 시달렸던 플로베르가 루이즈 콜레Louise Colet에게 보낸 편지에서 그대로 드러난다. "흔히 저속한 취향이라고 부르는 것을 얻기 위해서는 머릿속에 시를 가지고 있어야 합니다. 대신에 정신은 진정한 의미에서의 시와 전혀 어울리지 않습니다." 다시 말하자면, 천재성과 훌륭한 취향은 동일한 두뇌 속에서 공존할 수 없고 예술가는 예술가이기 위해 무엇보다도 취향의 인간과 전적으로 달라야 할 필요가 있는 셈이다. 그러는 사이에 《지옥

3장 취향의 인간과 분열의 변증법 53

에서 보낸 한철》에 실린 랭보의 의도적인 저속한 취향 선언("나는 우스꽝스러운 그림들을 좋아했고, 문 위의 장식, 무대장치, 어릿광대의 무대배경, 간판, 대중적인 채색 삽화와 유행에 뒤진 문학, 교회 라틴어, 철자 없는 외설 서적, 우리 조부들의 소설, 요정 이야기, 유년 시절의 작은 책들, 낡은 오페라, 무의미한 후렴, 단순한 리듬을 좋아했다")은 지나치게 유명해져버렸고, 덕분에 우리는 이 목록에서 현대 미학에 익숙한 모든 도구outillage가 재발견될 수 있다는 사실을 쉽게 알아차리지 못한다. 취향의 차원에서, 랭보의 시대에 이상하고 독특한 것으로 비추어지던 것들은 이제 지성인의 일반적인 취향gusto medio이라고 할 수 있는 무언가로 변신했고 문화 속에 깊이 파고들어 차별화를 상징하는 세련미를 구축하기에 이르렀다. 현대적인 취향은 에당의 고성을 다시 세워 올렸다. 그러나 역사 속에 왕복 티켓은 존재하지 않는다. 이제 성안으로 들어가 시야에 들어오는 것을 감상하기 전에 먼저 우리의 훌륭한 취향이 타의 추종을 불허하는 방식으로 저지른 이 짓궂은 장난의 의미에 대해 질문을 던져보기로 하자.

*

훌륭한 취향bon goût은 정반대의 취향으로 타락하는 경향만 지니고 있는 것은 아니다. 훌륭한 취향은 어떤 의미에서는 모든 타락의 원인 자체라고 할 수 있으며 그것이 의식 속에 등장하는 순간은 모든 가치와 내용의 전복이 진행되는 과정의 시작과 일치한다고 볼 수 있다.《평민귀족Le Bourgeois Gentilhomme》에 나타난 훌륭한 취향과 저속한 취향의 대립은 동시에 정직함과 부도덕성, 열정과 무관심의 대립이었다. 18세기 말에 사람들은 미적 취향을 마치 선악과의 해독제처럼 여기기 시작했다. 다시 말해, 그것을 맛본 뒤에는 선과 악을 구별하는 것이 다시 불가능해진다는 생각을 했던 것이다. 그러나 에덴동산의 문이 영원이 닫혀버린 이상 선과 악을 넘어선 탐미주의자의 여행은 숙명적으로 악마적인 유혹의 기호 아래에서 끝날 수밖에 없었다. 결과적으로 예술적인 경험과 악 사이에 비밀스러운 혈연관계가 존재한다는 생각, 그리고 예술 작품을 이해하기 위해서는 박식함보다는 허심탄회함과 위트가 훨씬 더 중요하는 생각이 싹트기 시작했다. 슐레겔의《루친데Lucinde》에 등장하는 한 인물은 이렇게 말한다. "멸시할 줄 모르는 사람은 무언가를 높이 살 줄도 모른다. 이른바 미적 악의ästhetische Bösheit라는 것은 조화로운 성장에 본질적인 요소다."[8]

프랑스혁명이 일어나기 직전에 디드로는 취향의 인간에서만 찾아볼 수 있는 이 독특한 퇴폐 현상을 주제로 극단적인 형태의 풍자소설을 썼다. 원본이 출판되기도 전에 괴테가 독일어로 번역한 소설《라모의 조카》는 청년 헤겔에게 지대한 영향을 끼친다. 라모의 조카는 비범한 취향의 인간일 뿐만 아니라 비열한 불량배다. 그는 선과 악, 고귀한 것과 천한 것, 미덕과 악덕을 구별하지 못하는 인간이다. 모든 것이 정반대되는 세계에서 완전히 퇴폐적으로 변하는 가운데 그가 유일하게 또렷하고 온전히 유지하는 것은 취향뿐이다. 디드로는 그에게 이런 질문을 던진다. "음악의 아름다움에는 그토록 섬세한 감각과 대단한 안목을 지닌 당신이 어떻게 도덕적인 아름다움과 미덕의 매력에 대해서는 그토록 눈이 멀고, 무감각할 수가 있소?" 그리고 그는 이렇게 대답한다. "언뜻 보니 무언가가 제게는 없는 감성을, 제게는 주어지지 않은 어떤 심금 같은 것을, 느슨해서 튕기기는 쉽지만 울리지 않는 심금을 요구한다는 생각이 드는군요."《라모의 조카》에서 취향은 일종의 정서적 괴저壞疽 현상을 주도하는 요인으로 나타나며 정신의 또 다른 내용과 특징들을 모두 집어삼키면서 결국에는 순수한 허무주의 속에 머문다. 라모의 조카에게 취향은 스스로에 대한 유일한 확신이며 자의식이다. 그러나 이러한 확신은 순수한 무無에 지나지 않으며 그의 개성은 절대적으로 비개인적인 성격과 일치한다. 이와 같은 유형의 인간이 존재한다는 것 자체가 하나의 패러독스이며 하나의 추문이다. 그는 예술 작품을 창조해낼 능력이 전혀 없는 존재임에도 불구하고 전적으로 예술에 의해 좌우되는 존재다. 자신과 전적으로 다른 것에 의존해야 한다는 형벌을 받은 그는 그러나 이 다른 것 속에서 어떤 본질도 발견하지 못한다. 왜냐하면 그 안에서는 모든 형태의 정신적 내용과 도덕적 성격이 폐지되어 있기 때문이다. 디드로가 그에게 어떻게 그토록 훌륭한 감수성과 판단력과 재생 능력을 가지고 있음에도 불구하고 좋은 일은 조금도 할 수 없었는지 묻자 그는 이를 정당화하기 위해 운명이 그에게 판단할 수 있는 능력은 허락했지만 무언가를 창조할 수 있는 능력은 허락하지 않았다고 답하면서 멤논의 조각상에 얽힌 전설에 대해 이야기한다. "멤논의 조각상 주변에는 엄청나게 많은 다른 조각상들이 있었습니다. 똑같은 태양광선을 받고 있었죠. 하지만 소리를 내는 건 그의 조각상뿐이었어요. (……) 나머지는 모두 막대 끝에 매달아놓은 한 쌍의 귀에 지나지 않았습니다." 라모의 완벽하면서도 비극적인 자의식이 발견하는 문제는 바로 천재성과 취향, 예술가과 관람자의 격리라는 문제다. 이것이 곧 라모의 출현과 함께 더욱 공공연한 방식으로 이후의 서양 예술과 그 흐름을 지배하기 시작한 문제다. 관람자로서의 라모는 스스로가 하나의 위협적인 수수께끼라는 점을 알고 있다. 극단적인 형태로 제시되는 그의 정당화 논리가 상기시키는 것은 어떤 감각적인 인간이 그가 감탄스러워하는 예술 작품 앞에서 작품을 빼앗기고 사기를 당했다는 느낌까지 받을 정도로 강렬하게 그 작품의 작가이기를 갈망하게 되는 경험이다. 그는 무언가를 바라보며 그것을 통해 스스로의 가장 은밀한 진실을 발견할 수 있다고 느끼지만 스스로를 그것과 일치시키지는 못한다. 예술 작품이란 바로 칸트가 지적했던 것처럼 '완벽하게 이해될 수 있더라도 그것을 만들어낼 수 있는 능력은 아직 아무도 가지고 있지 않은' 것이기 때문이다. 그는 가장 철저하게 분열된 인간이다. 자신에게 가장 이질적인 것이 그에게 원리가 되며 그의 본질은 원칙적으로 그에게 속할 수 없는 것 안에 들어 있다. 완벽하기 위해 창조의 원리로부터 분리되어야 하는 것이 취향이다. 그러나 창조를 위한 천재성 없이, 취향은 하나의 순수한 전복으로, 즉 **퇴폐의 원리** 자체로 변신한다.

헤겔이《라모의 조카》를 읽고 받았던 깊은 인상은 형언할 수 없을 정도로 대단한 것이었다. 사실상《정신현상학》중〈스스로에게 이질적으로 변한 정신: 문화〉라는 제목의 장 전체는 이 라모라는 인물에 대한 해석과 해설에 지나지 않는다. 라모를 통해 헤겔은 **공포와 혁명**을 앞에 두고 유럽 문화가 절정에 달하면서 동시에 해체되기 시작하는 모습을 발견한다. 이 절정의 순간은 정신이 문화 속에서 이질화되고 분열의 의식과 모든 현실, 모든 개념의 절대적인 퇴폐 속에서가 아니면 더 이상 자신을 발견하지 못하는 순간에 도래한다. 이 순간을 '순수 문화'라고 부르는 헤겔은 그 특징을 다음과 같이 설명한다.

순수자아가 자아의 바깥에 갈기갈기 찢겨 있는 자신을 발견하는 순간, 이 분열된 의식 속에서는 연속성과 보편성을 지닌 모든 것이, 그것이 법이든 선善이든 권리이든 간에, 즉각적으로 파괴되고 하나의 심연 속으로 추락해버린다. 이제 동등함을 토대로 하는 모든 것은 산산이 분해된다. 왜냐하면 우리가 마주하고 있는 것이 더할 나위 없이 순수한 **불평등**, 즉 절대적으로 본질적인 것의 절대적인 무의미, 독자적 존재essere per sé와 일치하는 자아 바깥의 존재essere fuori di sé이기 때문이다. 순수자아는 이제 완전히 만신창이가 되어버렸다. (……) 이러한 의식의 위상이 이 절대적인 분열과 일치를 이룰 때, 정신적 차원에서 고귀한 의식과 비천한 의식의 모든 특징과 이들 사이의 모든 차별화는 사라지고 이 두 종류의 의식은 하나가 된다.

　(……) 스스로를 부인한다는 사실을 가차 없이 부정하는 자기의식이란 절대적 분열 상태에서 즉각적으로 성립되는 자기 자신과의 동등성이며 순수한 자기의식이 주도하는 자신과의 순수한 중재와 일치한다. 이러한 자기의식은 동일한 인격이 주어이면서 동시에 술어의 역할을 담당하는 판단의 정체와 일치한다. 그러나 이러한 판단은 동시에 무한한 판단이다. 왜냐하면 이 인격은 절대적으로 분열된 인격이며 주어와 술어는 서로 간에 무관심하고 아무런 관계도 없는 실재이고 통일성을 필요로 하지 않으며 저마다 독립된 인격의 힘을 갖추고 있기 때문이다. 독자적 존재는 스스로의 독자성essere per sé을 대상으로 하지만, 이를 절대적인 타자로, 동시에 즉각적인 자기 자신으로, 즉 자기를 타자로 간주한다. 그러나 이러한 상황은 이 타자가 어떤 다른 내용을 취하는 방식으로는 전개되지 않으며 동일한 자아가 절대적인 대립과 전적으로 무관심하고 독립적인 존재의 형태로 타자의 내용이 될 뿐이다. 어찌 되었든 여기에 실질적인 문화 세계의 정신, 스스로의 진실과 고유의 본질을 의식하는 정신이 현존한다.

　이제 이 정신은 현실과 사유의 절대적이고 보편적인 퇴폐와 일치한다. 이것이 바로 순수 문화다. 인간이 이 세상에서 경험하는 것은 권력과 부의 실질적인 본질이나 이들의 구체화된 개념들이, 예를 들어 선과 악 혹은 선에 대한 의식과 악에 대한 의식, 고귀한 의식과 비천한 의식이 진실을 대변하지 않는다는 사실이다. 이러한 요소들은 긴밀한 관계를 유지하며 서로의 내부에서 퇴폐적으로, 그리고 모두 각자의 정반대로 변신한다. (……) 이러한 과정 속에서 이 본질들, 선과 악에 대한 사유 역시 퇴폐적으로 변한다. 선으로 정의되는 것은 악과 일치하고 악으로 정의되는 것은 선과 일치한다. 이러한 순간들에 대한 의식을 고귀한 의식 혹은 비천한 의식으로 간주할 때 진실의 차원에서는 이들 역시 본연의 모습과는 정반대의 것으로 변한다. 즉, 고귀한 의식은 비천하고 사악한 의식이며 이와 마찬가지로 사악한 의식은 자기의식의 가장 고귀한 형태로 변신한다. 형식적인 관점에서, 모든 것은, 외부에서 바라보았을 때, 독자적으로 존재하는 것과 정반대이며, 또 이와는 달리, 독자적 존재의 참된 모습과도 결코 일치하지 않고 오히려 스스로가 원하는 것과는 다른 무언가의 모습과 일치한다. 독자적으로 존재한다는 것은 오히려 자아의 상실에 가깝고 자기소외는 오히려 자기 보전에 가깝다. 결국 드러나는 것은, 각자가 스스로에게 이질적인 존재가 되었고 그런 차원에서 정반대의 존재 속으로 전이되며 그런 방식으로 타락한다는 사실이다.[9]

스스로의 분열에 대해 의식하고 있는 라모 앞에서 정직한 의식을 대변하며 그와 이야기를 나누는 철학자는 라모의 비천한 의식이 이미 알고 있고 라모가 스스로에게도 하는 이야기가 아니면 아무런 말도 꺼내지 못한다. 왜냐하면 이 비천한 의식이란 바로 정반대의 존재 안에서 이루어지는 모든 것의 절대적인 타락이기 때문이다. 그뿐만 아니라 그것의 언어가 곧 모든 종류의 정체성을 분해하면서 스스로도 자아 분해라는 유희에 참여하는 판단력과 일치하기 때문이다. 비천한 의식이 스스로를 소유하기 위해 보유하는 유일한 방편은 사실 스스로의 모순을 완전히 받아들이는 것, 스스로를 부정하면서 극단적인 분열의 품 안으로 빠져드는 것뿐이다. 그러나 다름 아닌 본질을 오로지 이중적이고 이질화된 형태로만 인식하기 때문에 라모는 한편으로는 그것을 완벽하게 판단할 수 있는 능력을 가지고 있지만(실제로 그는 정신적으로 번뜩이는 언어를 구사한다) 완벽하게 움켜쥘 수 있는 능력은 가지고 있지 않다. 그의 일관성은 총체적인 비일관성, 그의 충만함은 절대적인 상실이다.

헤겔은 순수 문화를 퇴폐적인 것으로 규정함으로써 혁명 이전 상태를 묘사한다는 점을 충분히 의식하고 있었다. 다시 말해, 헤겔은 앙시앵 레짐Ancien Régime의 가치들이 계몽주의가 가져온 부정적 본능의 물결을 이기지 못하고 붕괴되기 시작했을 무렵의 프랑스 사회를 염두에 두고 있었다.《정신현상학》을 살펴보면 사실 절대 자유와 공포를 다루는 장에 뒤이어 곧장 순수 문화를 분석하는 장이 등장한다. 정직한 의식과 비천한 의식의 변증법은(본질적으로는 둘 다 스스로의 정반대로만 존재하며, 전자는 후자의 솔직함에 끊임없이 패배할 수밖에 없는 운명에 처해 있다) 이러한 관점에서 종과 주인의 변증법만큼이나 의미심장하다고 할 수 있다. 하지만 여기서 우리의 관심을 끄는 것은 헤겔이 퇴폐의 절대적인 힘을 의인화하기 위해 라모 같은 인물을 골랐다고 하는 점과 따라서 취향의 인간, 즉 그에게는 예술이 스스로에 대해 확신할 수 있는 유일한 방편인 동시에 가장 뜨거운 분열을 의미하는 인간 유형의 극단적인 깨어남이 사회적 가치와 종교적 믿음의 붕괴를 필연적으로 동반하는 것처럼 보인다는 점이다. 결코 우연이라고 볼 수 없는 것은, 이 정직한 의식과 비천한 의식의 변증법이 유럽 문학에 다시 등장했을 때, 즉 먼저 도스토옙스키의 《악령》 속에서 늙은 자유사상가 스테판 스테파노비치와 그의 아들 피요트르를 통해, 그리고 다시 한 번 토마스 만의 《마의 산》에서 세템브리니와 나프타를 통해 다시 제시되었을 때, 이 두 작품 속에서 공통적으로 묘사되는 경험이 모든 손님 가운데 가장 **불쾌한** 존재의 행동 앞에서 사회라는 소우주가 붕괴되는 경험이었다는 사실이다. 이 가장 불쾌한 손님이란, 형편없지만 결국 라모의 후손들이라고 볼 수밖에 없는 두 쌍의 인물들에 의해 의인화된 유럽의 니힐리즘이다.

　미적 취향에 대한 연구가 우리에게 제시하는 것은 따라서 예술의 운명과 이 니힐리즘의 태동 사이에 혹시라도 어떤 연관성이 존재하는 것은 아닌가라는 질문이다. 하이데거는 이 니힐리즘을 어떤 식으로든 여러 종류의 역사적 흐름 가운데 하나로 볼 수 없다고 생각했다. '본질적인 차원에서 서구 역사의 기초를 이루는'[10] 것이 바로 이 니힐리즘이다.

1   장 드 라브뤼에르, 《캐릭터, 혹은 세기의 정서Les Caractéres ou les moeurs du
    siécle》, 1장 〈정신의 작품Des ouvrages de l'esprit〉.

2   《텔 켈》, I, 14.

3   에드가 빈트, 《예술과 무정부상태》, 91쪽. 15세기에 예술 후원가라는 존재
    는 작품과 너무 밀접하게 연관되어 있었기 때문에 이들 없이 단순한 스스로
    의 내면적 요구에 의해 그림을 그려보겠다고 생각하는 예술가들은 극히 드
    물었을 정도다. 특별히 비극적이었던 경우는 부르고뉴의 조각가 클레스 판
    데어 베르베Claes van der Werve다. 용맹공 장Jean 1세는 그에게 작품을 위탁했
    지만 제작을 끊임없이 연기시킴으로서 멋지게 시작된 경력을 전혀 비생산
    적인 기다림으로 바꾸어버렸다(요한 하위징아Johan Huizinga, 《중세의 가을》,
    B. Jasink 옮김, Firenze, 1944, 358쪽 참조).

4   부르크하르트, 《키케로》, 3장 〈1500년대의 예술, 미켈란젤로〉.

5   발레리는 농담조로 '위대한 예술가'라는 개념이 없었다면(즉, 훌륭한 취향을
    기준으로 하는 예술가들의 평가 없이는) 그만큼 저속한 예술가들도 적게 등
    장했으리라고 지적한 바 있다. "La notion de grand poéte a engendré plus de
    petits poétes qu'il en était raisonneblement à attendre des combinaisons di
    sort."(발레리, 《텔 켈》, I, 35) 일찍이 1500년대 말에 들어서면서 예술 이론가
    들은 라파엘로와 미켈란젤로, 티치아노 중에서 누가 더 위대한 예술가인지
    에 대해 논쟁을 벌이기 시작했다. 로마초Lomazzo는 《회화의 신전Tempio della
    pittura》(1590)에서 이 문제를 절충주의적 표현으로 멋지게 해결한 바 있다.
    "그림은 미켈란젤로의 스케치와 라파엘로의 비율로 티치아노가 그리는 것
    이 가장 이상적이다."

6   볼테르, "Un bourgeois qui veut être homme de qualité", 몰리에르 작품집 서

문Sommaires des piéces de Moliére(1765).

7 "Revue d'hist, litt, de France", XL, 197, 크로체B. Croce,《시La poesia》(1953),
   308쪽에서 인용.

8 슐레겔,《루친데》, 6,《무위의 목가Idylle über den Müssiggang》.

9 헤겔,《정신현상학》, J. Hoffmeister 엮음, 368~371쪽.

10 하이데거, 〈신은 죽었다는 니체의 말〉,《숲속의 길》, 201쪽.

4장

기적의 방

다비드 테니르스Davide Teniers는 1660년 안트베르펜에서《회화 극장Theatrum pittoricum》이라는 제목의 책을 출판했다. 이 책은 화보가 실린 최초의 박물관 카탈로그로, 일련의 판화들을 통해 레오폴트 빌헬름Leopold Wilhelm 대공이 브뤼셀 궁전의 카비네Cabinet*에 소장하고 있던 그림들을 재생하고 있다. 저자는 서문에서 예술의 예찬자들에게 이렇게 알린다. "여러분이 여기서 감상하게 될 스케치의 원작들은 모두 형태가 일정하지 않고 크기도 같지 않습니다. 따라서 이 작품들을 여러분에게 좀 더 적합한 형태로 소개하기 위해 우리는 이 책의 규격에 맞도록 그림들을 줄여서 같은 크기로 만들어야 했습니다. 하지만 원본의 크기를 알기 원하는 사람

---

* 진귀한 물건이나 예술 작품들을 모아놓는 방을 말한다. 독일에서는 분더캄머, 이탈리아에서는 갈레리아Galleria라고 부른다.

은, 여백에 표시되어 있는 발이나 손바닥 폭을 참조해서 크기를 가늠해볼 수 있을 것입니다."[1] 이 책은 저자가 카비네에 대해 설명하면서 주로 전체적인 설명에 집중하고 작품 하나하나에는 신경을 쓰지 않았다는 점만 제외하면 아마도 오늘날 박물관마다 입구에 배치되어 있는 가이드북의 원형으로도 보아도 손색이 없을 것이다. 그는 이렇게 말한다. "들어서면서 우리는 창문이 없는 높은 벽을 따라 그림들이 보기 좋게 배치되어 있는 두 개의 긴 갤러리를 만나게 된다. 창문들이 있는 맞은편에서는 커다란 조각상들을 여러 점 감상할 수 있다. 대부분이 고대 유물들로 문양이 새겨진 높은 받침돌 위에 전시되어 있다. 그 뒤에, 창문들 사이로 아랫부분에 또 다른 그림들이 걸려 있다. 이 중 몇몇은 우리가 알지 못하는 그림들이다." 저자는 이 그림들 중에 브뤼헐 1세가 일 년 열두 달을 주제로 그린 '놀라운 붓놀림과 선명한 색조, 포즈의 교묘한 배치'가 돋보이는 작품 여섯 점 외에 수많은 정물화가 있다고 알리면서 다른 방과 카비네로 이동한다. "가장 진귀하고 높이 평가받는 방들을 둘러보면 최고의 붓놀림을 자랑하는 섬세한 걸작들이 뛰어난 안목을 지닌 사람들의 놀라움을 자아낸다. 이런 멋진 작품들을 원하는 만큼 한껏 보고 싶어 하는 사람들은 아마도 몇 주는 휴가를 내야 할 것이다. 가까이서 바라보아야 마땅한 이 작품들을 세밀히 관찰하려면, 어쩌면 몇 달이 걸릴지도 모른다."

하지만 예술 소장품들이 항상 우리가 익히 알고 있는 모습으로 전시되어 있었던 것은 아니다. 중세 말기에 유럽 대륙의 왕과

학자들은 분더캄머Wunderkammer에 잡다한 물건들, 예를 들어 희귀한 형상의 돌과 동전, 박제된 동물, 수사본, 타조알과 유니콘의 뿔 같은 것들을 소장하는 취미를 가지고 있었다. 그리고 이 기적의 방에 예술 작품들을 수집하기 시작하면서 조각과 그림이 자연사 표본과 희귀한 물건들 옆에 들어서기 시작했다. 왕들의 예술 소장품에 대해서는, 적어도 독일 땅에서만큼은, 이들이 중세 분더캄머로부터 유래했음을 증명하는 뚜렷한 흔적을 이곳저곳에서 아주 오랫동안 찾아볼 수 있었다. 우리는 '티치아노가 직접 그린 시저와 도미티아누스 같은 로마 황제들의 초상화'를 소장하고 있다고 자랑하던 작센의 선제후 아우구스투스 1세가 자신이 가지고 있던 유니콘에 대한 대가로 베네치아의 10인 평의회가 제안했던 10만 피오리니도로fiorini d'oro를 거절했었다는 것과 밤베르크의 주교가 그에게 선물한 불사조 박제를 세상에서 가장 고귀한 물건처럼 소중히 아꼈다는 것을 알고 있다. 아울러, 1567년 바바리아의 공작 알브레히트 5세의 카비네는 780점의 그림 외에도 2천 점에 달하는 수많은 종류의 희귀한 물건들을 가지고 있었고 이 가운데에는 '어떤 수도원장이 알 속에서 발견한 또 하나의 알과 기근 동안 하늘에서 떨어진 만나, 히드라와 바실리스크'가 들어 있었다.

독일인 의사이자 수집가인 한스 보름스Hans Worms의 분더캄머를 재생하는 판화를 통해 우리는 이 기적의 방이 정말 어떤 모습을 하고 있었는지 비교적 정확하게 묘사할 수 있다. 상당히 높은 천장에 악어와 박제된 회색 곰, 그리고 이상한 모양새의 물고기

한스 보름스의 분더캄머를 재생하는 판화, 1655년.

들, 박제된 새들, 원시인들의 카누가 매달려 있다. 정면에 보이는 벽의 상단부에는 창과 화살 외에 다양한 출처와 형태의 무기들이 전시되어 있다. 창문들 사이에는 사슴과 노루의 뿔, 그리고 짐승의 앞발과 해골이 걸려 있다. 맞은 편 벽에는 아주 좁은 간격으로 거북이 등과 뱀 가죽, 톱가오리 입과 표범 가죽 등이 걸려 있다. 바닥에서 어느 정도 높이까지는 벽에 일련의 선반들이 설치되어 있고, 그 위에는 다양한 종류의 조개와 오징어 뼈, 광석, 금속, 뿌리, 신화적인 인물들의 조각상 등이 놓여 있다. 분더캄머는 혼돈이 지배하는 듯이 보이지만 혼돈은 하나의 섣부른 인상에 지나지 않는다. 중세 현자에게 분더캄머는 복잡한 조화로움 속에서 동물과 식물, 광물의 세계를 재생해내는 일종의 소우주였다. 따라서 사물들 하나하나는 같이 모여 있을 때에만 의미를 지닐 수 있었고 중세의 현자는 분더캄머의 벽을 바라보며 매 순간 우주의 모습을 가늠할 수 있었다.

이제 우리가 판화에서 1600년대의 한 갤러리를 재생하고 있는 그림으로 시선을 옮기게 되면, 예를 들어 안트베르펜의 코르넬리우스 판 데르 히스트Cornelius van der Geist 컬렉션 갤러리를 방문하고 있는 알브레히트 대공과 루벤스, 게라르트 제게르스Gerard Seghers, 야콥 요르단스Jacob Jordaens의 모습이 담긴 빌헬름 판 해흐트Willem van Haecht의 그림을 보게 되면, 판화 속의 분더캄머와 상당히 비슷한 점들이 있다는 것을 목격하지 않을 수 없다. 바닥에서 천장 높이까지 다양한 크기와 이질적인 내용의 그림들이 벽을 온

빌헬름 판 해흐트, 〈코르넬리우스 판 데르 히스트 컬렉션 갤러리〉, 1628년.

통 뒤덮으며 촘촘하게 들어서 있어서 회화가 녹아든 일종의 마그마를 형성하고 있다. 프랑오페르의 〈물감으로 만든 벽〉을 떠올리게 하는 이 마그마 속에서 한 작품이 개별적으로 두각을 나타낸다는 것은 거의 불가능한 일이다. 문 옆에, 여전히 무질서하게 일련의 조각상들이 들어서 있고 이들 가운데 아폴로, 비너스, 바쿠스, 다이애나가 가까스로 눈에 들어온다. 바닥에는 또 다른 캔버스들이 도처에 수북이 쌓여 있다. 이 그림들 사이에 두터운 망토를 걸친 예술가와 귀족들이 조그만 조각품들로 뒤덮인 낮은 테이블 주변에 모여 있는 것이 눈에 띈다. 문의 대들보 위에는 해골 하나가 얹힌 문장이 달려 있고 그 아래에 이런 글귀가 적혀 있다. "Vive l'Esprit!"(비브 레스프리!)*

누군가 언급했던 것처럼, 우리는 그림을 보고 있다기보다는 불분명한 색상의 형상들이 이리저리 방황하는 모습을 새겨 넣은 어마어마한 크기의 아라초_arrazo** 앞에 서 있다는 인상을 받는다. 여기서 떠오르는 질문은 당연히 중세 현자들이 조개류와 고래 이빨 같은 물건의 사실적이고 정통한 의미를 분더캄머라는 조화로운 소우주 속에서만 발견할 수 있었던 것과 같은 똑같은 현상이 혹시 이 그림에서도 일어나는 것은 아닌가라는 점이다. 다시 말해, 각각의 화폭들은 부동의 《회화 극장》을 벗어나서는 현실적으

---

* '정신이여, 살아 움직여라!' 혹은 '정신 만세'라는 뜻의 구호.
** 벽에 걸어서 전실할 목적으로 대형 캔버스에 다양한 색실로 수놓아 만든 일종의 카펫.

로 존재할 수 없는 듯이, 혹은 적어도 이 공간 속에서만 고유의 수수께끼 같은 의미를 획득하는 듯이 보인다. 하지만 분더캄머의 소우주가 신이 창조한 원대한 세계와의 생생하고 즉각적인 통일성 속에서 진정한 의미를 발견했다면, 이 갤러리에서 동일한 원리를 발견한다는 것은 불가능해 보인다. 벽을 뒤덮은 혼란스러운 색의 형상들 사이에 갇혀 갤러리는 완벽하게 자급자족 가능한 세계처럼 자기 안에서 휴식을 취한다. 그곳에서, 그림들은 오히려 동화에 나오는 잠자는 숲속의 미녀와 닮았다고 할 수 있다. 미녀를 감금하는 마법의 주문이 바로 문의 대들보 위에 쓰여 있는 문구다. 비브 레스프리!

테니르스가 안트베르펜에서《회화 극장》을 출판한 같은 해에 마르코 보스키니Marco Boschini는 베네치아에서《회화의 항해지도Carta del navegar pittoresco》를 펴냈다. 이 책은 예술사가에게는 비교를 허락해준다는 차원에서, 그리고 1600년대의 베네치아 화풍에 대한 온갖 종류의 소식들, 당대의 모든 화가들에 대한 초기의 불안정한 미학적 평가들에 대해 정보를 제공한다는 점에서 상당히 흥미롭다. 하지만 이 책이 여기서 우리의 관심을 끄는 것은 무엇보다도 저자가 '회화라는 폭풍'을 뚫고 '베네치아의 배'를 안전하게 인도한 뒤 자신의 모험담을 그가 상상하는 갤러리에 대한 상세한 묘사로 끝내고 있기 때문이다. 보스키니는 갤러리 천장 모퉁이와 벽이, 당시의 취향에 따라, 어떤 모습을 하고 있어야 하는지에 대해 장황하게 늘어놓는다.[2]

천장 작업을 통해 평평한 것을

아치로, 그리고 둥근 천장으로 변신시킨다.

그런 식으로 평면처럼 보이는 곳에 움푹 파인 공간을 만들고

눈으로 보기에 기발한 환영을 만들어낸다.

그런 식으로 날카로운 모퉁이 벽장이

밖으로 불쑥 튀어나올 듯한

안쪽으로 들어가는 대신 앞으로 나오는 느낌을 준다.

이것은 벙어리가 아닌, 무언가를 분명히 이야기하는 그림이다.*

그리고 그는 이 순수하게 정신적인 무대를 장식하기 위해 정해진 벽지의 종류와 색상을 각 방마다 지정하는 것도 잊지 않았다.

한때는 갤러리 건축에 요구되는 기술과 법칙이 건축학 서적 속에 기록되는 것이 보통이었던 반면 여기서 우리는 아주 드물지만 이러한 법칙들이 건축학 서적 대신 회화에 관한 광범위한 비평적 해설서의 이상적인 결론에 사용되는 경우를 발견하게 된다. 어떻게 보면 보스키니에게 그의 상상 갤러리는 회화의 가장 구체

---

* L'opera su i sofiti, che xé piani / e' i fenze in archi, e in volti li trasforma. / Cusì de piani ai concavi el dà forma / e tesse a i ochi industriosi ingani. // El fa che i cantonali in forma acuta / salta fuora con angoli spicanti, / e in pe' de andare in drento, i vien avanti. / Questo è loquace, e no' pitura muta.

적인 공간, 혹은 천재적인 예술가들의 다양하기 짝이 없는 창작
세계에 통일성의 기반을 보장할 수 있는 일종의 이상적인 구조적
연결 장치인 듯이 보인다. 회화의 폭풍 속에 일단 한번 휘말린 다
음, 이 창작품들이 다시 땅을 밟을 수 있는 것은 오로지 이 상상
극장의 완벽하게 정돈된 무대에서만 가능한 것처럼 보이는 것이
다. 이를 철썩같이 믿는 보스키니는 갤러리 안에 잠들어 있는 그
림들을, 마법에서 벗어나 힘을 발휘하기 위해 유리 틀 안에 그대
로 남아 있어야 하는 박제품에 비교한다.

> 그림은 진귀한 박제와 같고
> 지성에게는 약이나 다름없다.
> 유리병 안에 있으면 있을수록 더욱더 세련되게 변한다.
> 백 년이 지나고 나면 하나의 기적이 될 것이다.*

우리가 이런 종류의 순진한 상상을 더 이상 시도하지 않은 것
은 사실이지만, 아마도 박물관들을 건축하는 우리의 미적 감각
혹은 그림이 곧장 예술가의 손에서 현대 미술관의 전시장으로 전
달되는 것을 지극히 정상적으로 보는 예술에 대한 우리의 미적
시각은 사실 앞의 시에서 표현된 것과 크게 다르지 않은 조건들

---

* Balsamo è la Pitura precioso, / per l'intelletto vera medesina, / che più che 'l sta in te 'l
  vaso, el se rafina, / e in cao cent'anni lé miracoloso.

을 토대로 한다고 보아야 할 것이다. 어찌 되었든 이 시점에서 분명한 것은 예술 작품이 더 이상은 인간의 지상에서의 삶을 선도한다는 의미에서 삶의 본질적인 기준이 될 수 없고 그 자체로 독립적인 차원이나 독특한 정체성을 가지고 있는 것도 아니며 인간 세계의 모든 것을 성찰하고 요약할 수 있는 것도 아니라는 점이다. 반대로 예술은 이제 예술을 위한 예술만의 세계를 구축했고 시간을 모르는 《박물 극장Museum Theatrum》의 미적 차원에 내맡겨진 채 끝이 보이지 않는 제2의 삶을 시작했다. 예술의 삶은 형이상학적이고 상업적인 가치를 끝없이 끌어올리면서 결국은 작품의 실질적인 공간을 분해시키고 그것을 보스키니가 상상 갤러리의 벽에 설치하려고 했던 오목거울과 흡사한 것으로 만들어버렸다.

그곳에서 대상은 더 가까이 다가오기는커녕
유리한 지대를 점하기 위해, 오히려 한 발자국 뒤로 물러선다.*

다시 말해, 우리는 작품에 예술의 가장 정통한 현실을 드디어 보장해주었다고 믿지만 그것을 붙잡으려 하는 순간 예술 작품은 뒷걸음질 치며 우리를 빈손으로 남겨둔다.

---

* dove l'ogeto, in pe' de farse appresso / e se fa un passo in drio, per so' avantazo.

*

　하지만 예술 작품이 항상 수집의 대상이었던 것은 아니다. 우리가 이해하는 바대로의 예술 개념이 사실은 아주 괴기스럽게 느껴졌을 시대들이 실제로 존재했다. 예술 자체를 사랑한다는 식의 사고는 중세에는 조금도 찾아볼 수 없었다. 그리고 이러한 사고의 초기 징후들이 값비싼 것과 호화로움에 대한 취향과 뒤섞여 등장했을 때 당시의 일반적인 견해는 이러한 견해를 일종의 일탈로 간주했다.

　이 옛 시대에 예술가의 주체성은 곧 그의 작품과 일치했고 예술 작품이란 자신뿐만 아니라 다른 예술가들의 의식 속에서 가장 은밀한 진실을 구축하는 것이었기 때문에 예술 자체를 마치 하나의 독립된 가치로 취급하며 이야기한다는 것은 생각조차 할 수 없는 일이었고 완성된 예술 작품 앞에서 미적 감동을 통한 참여에 대해 언급한다는 것도 어떤 식으로든 불가능한 일이었다. 뱅상 드 보베Vincent de Beauvais가 우주를 크게 네 부분(자연, 과학, 도덕, 역사의 거울)으로 나누어 설명했던 백과사전《거대한 거울Spectrum Maius》속에 예술을 위한 자리는 없었다. 중세의 정신세계 속에서 예술이 우주에 존재하는 어떤 세계를 대변한다는 것은 어떤 식으로든 상상할 수 없는 일이었다. 신성한 오순절의 유일한 광채 아래 모인 지상의 모든 민족을 상징하며 베즐레Vezelay 대성당의 팀파눔에 서 있는 조각상들을 바라보면서, 혹은 경이로운 땅끝 세계를 그곳에 사는 환상적인 존재들(염소 다리를 한 사티로스, 한 발로 움직이는 스키아포데스, 말의 발을 가진 히포포데스, 에티오피아인, 만티코어, 유니콘)의 모습을 통해 표현한 수비니Souvigny 수도원의 기둥을 바라보면서, 중세의 인간은 하나의 예술 작품이 선사하는 미적 감흥을 느끼는 대신 자신의 세계가 가지고 있는 경계의 구체적인 기준들을 발견했다. 중세에 '놀랍고 멋진' 것은 여전히 독자적인 정서상의 느낌이나 예술 작품이 불러일으키는 효과와는 거리가 멀었고, 오히려 작품을 통해 인간의 활동을 신이 창조한 세계와 조화롭게 연결하는 섭리의 불명료한 현현에 불과했다. 그런 식으로 중세는 예술이 그리스에서 탄생했을 때 가지고 있던 모습, 즉 작품 속에 존재와 세계를 만들고 드러나게 하는 기적적이면서도 두려운 힘의 흔적을 생생하게 간직하고 있었다. 하위징아는 디오니시우스 판 레이클Dionysius van Rijkel이 어느 날 스헤르토헨보스's-Hertogenbosch의 성 요한 성당에 들어서는 순간 들려오던 오르간 멜로디에 매료되어 계속되는 황홀경에 빠져들었다는 이야기를 언급한 적이 있다. "예술에 의한 감흥은 곧장 종교적인 경험으로 변했다. 그는 한순간이라도 음악이나 미술의 아름다움을 통해 신성한 것과는 거리가 먼 무언가를 느끼며 경탄해할 수 있다는 생각을 절대로 하지 못했을 것이다."[3]

그런데도 어느 시점에선가 우리는 생 베르트랑 드 코망주Saint Bertrand de Comminges의 입구에 매달려 있던 악어 박제나 파리의 생트 샤펠Sainte Chapelle 성구실에 보관되어 있던 유니콘의 다리가 대성당

의 성역에서 걸어 나와 수집가의 카비네 안으로 들어가는 것을 목
격하게 되고, 이와 함께 예술 작품 앞에 선 관람자의 감각이 감동
의 순간을 오랫동안 지속시키면서 경이로움 자체를 모든 종교적
이고 도덕적인 차원에서 하나의 독립적인 차원으로 분리시키는
과정을 목격하게 된다.

*

《미학 강의》를 통해 낭만주의 예술의 붕괴를 다루면서 예술
가와 그의 작품 사이에 생성되는 정체성의 일치가 얼마나 중요한
것인지를 느낀 헤겔은 서양 예술의 운명을 설명하기 위해서는 하
나의 현상, 즉 오늘날에 와서야 우리가 모든 결과를 가늠하게 된
하나의 분리 현상에서 출발해야 한다는 것을 깨달았다.

예술가가 정체성 및 신앙의 차원에서 하나의 세계관이나 종교
가 규정하는 바와 은밀하게 연결되어 있을 때 그는 그것의 내용
과 예술적 표현을 아주 진지하게 받아들인다. 다시 말해, 그의 의
식은 그 내용을 무한하고 참된 것으로 간주한다. 그는 이 내용과
의 원천적인 조화 속에서 자신의 가장 은밀한 주관성을 기준으
로 살아간다. 동시에 예술가의 입장에서 그가 그것을 드러내고
표현하는 형식은, 일반적인 대상들의 절대성과 영혼을 자신의
직관 앞으로 가져오기 위한 최상의 극단적이고 필연적인 방식

과 일치한다. 예술가는 자신에게 내재하는 예술적 소재의 본질을 표출하는 특정한 방식에 결속되어 있는 존재다. 그는 자신의 내부에 항상 소재와 그 소재에 어울리는 형식을 스스로의 진정한 본질로, 즉 그가 상상하는 것이 아니라 바로 자신과 일치하는 본질로 지니고 있다. 따라서 그는 오로지 이 진정한 본질을 자신 스스로에게 대상으로 객관화시키고, 그것을 자신으로부터 생생하게 표출해내고 표현하는 과제를 가지고 있을 뿐이다.[4]

그러나 예술가라는 주체와 그의 작품 사이에 생성되는 즉각적인 통일성은 언젠가는 숙명적으로 붕괴되기 마련이며 결과적으로 예술가는 전격적인 분열을 경험하게 된다. 한편에는 무관심하고 따분한 대상 속에 담긴 내용의 무기력한 세계가 있고, 다른 한편에는 그 무기력한 세계가 마치 예술가의 마음대로 떠올리거나 거부할 수 있는 재료들의 거대한 산이라도 된다는 듯 그 위를 날아다니는 예술 창조의 원칙, 예술가의 자유로운 주체성이 있다. 예술은 이제 스스로에게서 고유의 목적과 토대를 발견하는 절대적인 자유이며, 본질적인 의미에서는, 더 이상 어떤 내용도 필요로 하지 않는다. 예술의 유일한 잣대가 이제는 예술 자체의 심연이 불러일으키는 현기증이 되었기 때문이다. 더 이상은 예술 자체를 넘어선 어떤 다른 내용도 예술가에게 그가 가진 의식의 본질을 즉각적으로 의미할 수 없으며 예술가는 그런 것을 표현해야 할 어떤 필요성도 느끼지 못한다.

우리는 예술가의 위상이 국적과 시대와 자신의 본질에 따라, 특정 내용과 표현형식을 갖춘 하나의 세계관 내부에 자리 잡고 있던 시대와 절대적으로 반대되는 입장을 발견하게 된다. 이 새로운 입장은 오늘에 와서야 완성 단계에 도달하면서 중요성을 확보하게 되었다. 우리 시대에 들어와서는 사상과 비평의 발달이, 심지어는 사상의 자유라는 영역마저도 독일뿐만 아니라 거의 모든 나라의 예술가들을 사로잡았고 이어서 낭만주의 예술형식의 특별하고 필수적인 과정들이 소화된 뒤에는 이들을 소재뿐만 아니라 창조의 형식이라는 차원에서 완전한 백지상태로 만들어버렸다. 어떤 특별한 내용에만, 그리고 그것의 소재에 적합한 독창적인 표현 방식에만 매달리는 일을 오늘날의 예술가들은 구시대의 착상이라고 생각한다. 따라서 예술은 예술가가 내용과는 무관하게, 그것이 무슨 내용을 담고 있든지 간에, 자신이 가진 주관적인 능력의 정도와 일관성을 유지하며 마음대로 조작할 수 있는 하나의 자유로운 도구로 변신했다. 따라서 예술가는 어떤 고착화된 특정 형상이나 형식보다 우월한 존재가 되었고, 한때 성스럽고 영원한 것을 의식 앞에 떠올리던 개념이나 내용에 개의치 않고 자유로이 움직이는 존재가 되었다. 어떤 내용, 어떤 형식도 이제는 더 이상 예술가의 은밀함, 본성, 그의 무의식적인 실체적 본질과 즉각적으로 일치하지 않는다. 모든 소재는 그것이 아름다워야 하고 예술적으로 다루어질 수 있어야 한다는 조건만 만족시키면 그것이 무엇이든 간에 예술가는 개의치 않는다. 오늘날 이러한 상관관계를 초월해 그 자체로 독자적일 수 있는 소재는 존재하지 않는다. 만약에 존재한다 하더라도 그 것을 표현하는 것이 반드시 예술이어야 한다는 절대적인 요구는 주어지지 않는다.[5]

이러한 분리는 서양 예술의 운명에 지대하고 결정적인 영향력을 행사했다. 그만큼 우리는 이 분리가 드러내는 지평을 단번에 끌어안을 수 있다는 환상에 빠지기 쉽다. 하지만 우리는 우선 이 분리가 가져온 초기의 결과 가운데 우리가 취향의 인간 속에서 구체화되고 라모라는 인물 속에서 가장 골치 아픈 형태로 형상화되는 것을 목격했던 천재와 취향 간의 분리 현상을 발견할 수 있다. 예술가가 자신이 다루는 재료와의 은밀한 통일성 속에서 살아가는 한, 관람자는 예술 작품 안에서 오로지 스스로의 신념과 스스로의 가장 드높은 진실, 즉 가장 필연적인 방식으로 의식의 단계에 도달한 존재의 진실을 발견할 수 있을 뿐이다. 이때 예술을 예술 자체로 바라보는 문제가 발생할 수 없는 것은 모든 인간, 예술가와 예술가가 아닌 사람 모두가 생동하는 통일성 속에서 함께 살아가는 공동의 공간이 바로 예술이기 때문이다. 그러나 예술가의 창조적 주체성이 그가 다루는 재료와 창작 활동에 우선하는 것으로 등장하는 순간(한 극작가가 자신이 창조해낸 인물들을 마음대로 무대 위에 배치하는 것처럼) 이 공동의 공간은 무너지기 시작한다. 이제 관람자가 목격하는 것은 더 이상 그가 의식 속

에서 곧장 자신의 가장 고차원적인 진실로 발견할 수 있는 무언
가가 아니다. 관람자가 예술 작품 속에서 발견하는 모든 것은 미
적 표현에 의해 중재된다. 미적 표현은 이제 내용과 상관없이 그
자체로 최고의 가치인 동시에 스스로의 힘을 작품 자체를 토대로
작품 자체를 통해 설명하는 은밀하기 짝이 없는 진실로 등극한
다. 예술가의 자유로운 창조 원칙은 그가 예술 작품 속에서 발견
할 수 있었던 진실과 관람자 사이에 드리워지는 마야의 베일과도
같다. 이 베일을 그가 실질적으로 소유한다는 것은 불가능하며
단지 그의 취향이라는 마법의 거울 속 이미지를 통해서만 가능할
뿐이다.

　　예술가의 자유로운 창조라는 이 절대적인 원칙 속에서 세상
에 존재하는 자신의 가장 고차원적인 진실을 발견하기 원하는 관
람자는 이제 일관성 있게 모든 내용의 사라짐과 도덕적·종교적
신념의 사라짐을 토대로 현실을 바라보아야 한다. 그는 라모처
럼 자신에게 가장 이질적인 것 속에서 스스로의 실체를 발견해
야 하는 운명에 놓인다. 결과적으로 취향의 탄생은 순수 문화의 절
대적인 분열과 일치한다. 관람자는 예술 작품 속에서 자아를 타자
로, '스스로의 독자적 존재'를 '스스로의 밖에 있는 존재essere fuori
di sé'로 목격한다. 예술 작품 안에서 생동하는 순수한 창조적 주체
성으로부터 그는 어떤 식으로든 스스로의 존재를 가늠할 수 있는
구체적 기준이나 확실한 내용을 발견하지 못한다. 그가 발견하는
것은 오로지 절대적인 이질화의 형태로 드러나는 자신의 자아뿐

이다. 그는 이 분열 속에서만 스스로를 소유할 수 있다.

원천적 통일성을 상실하면서 예술 작품은 한편에는 미적 판단을, 다른 한편에는 내용 없는 창조적 주체성을 순수한 창조 원칙으로 남긴다. 전자와 후자 모두 아무런 성과 없이 스스로의 기초를 찾아 헤매지만 이 추적을 통해 예술 작품의 구체적인 형상을 끊임없이 분해하면서 전자는 예술을 《박물 극장》이라는 이상적인 공간으로 옮겨가고, 후자는 스스로를 뛰어넘는 지속적인 움직임을 통해 예술 자체를 초월하기에 이른다. 창조적 원칙의 이질성 앞에서 취하는 관람자의 행위가 다름 아닌 박물관에서 스스로의 기반을 견고히 다지고 그 안에서 절대적인 분열을 스스로와의 절대적인 동일성으로, 즉 '한 인물의 동일한 개성이 주어이면서 동시에 수식어가 되는 미적 판단의 정체로' 전복시키려는 행위이듯이, 예술가는 창조를 통해 조물주의 절대적 자유를 경험한 뒤 이제 스스로의 세계를 객체화시키고 스스로를 소유하기 위해 노력한다. 이 과정이 종결되는 곳에서 우리는 보들레르가 남긴 다음과 같은 문장을 발견하게 된다. "세상에서 가장 사실적이면서 또 다른 세상에서만 완벽하게 사실인 것이 바로 시詩다." 갤러리의 아름답고 추상적인 공간 앞에 또 하나의 공간이 펼쳐진다. 갤러리에 형이상학적으로 상응하는 이 공간은 바로 프랑오페르의 그림 속에 내재하는 순수하게 정신적인 공간이다. 그의 작품 속에서 내용 없는 예술의 주체성은 일종의 연금술적인 작업을 통해 자신의 불가능한 진실을 만들어낸다. 미적 판단의 관점에서 바라본 예술의 '천상의 공간topos ouranios', 박물 극장에 상응하는 것이 바로 시의 또 다른 세상, 절대적인 창조 원칙의 천상의 공간, 화학 극장이다.

로트레아몽은 이 예술의 이중화가 낳은 가장 모순적인 결과를 직접적으로 경험했던 예술가다. 랭보는 시의 지옥에서 하라르Harrar의 지옥으로, 말에서 침묵을 향해 떠났지만 좀 더 순진했던 로트레아몽은 말도로르Maldoror의 노래를 탄생시킨 프로메테우스의 동굴을 포기하고 교화를 위해 시의 진부한 표현들이 울려퍼지는 학교와 아카데미의 교실을 선택했다. 절대적인 창조적 주체성의 요구를 극단적인 단계로까지 몰고 가려 했고, 그러한 시도 속에서 인간적인 것과 비인간적인 것의 한계가 혼돈되는 모습을 지켜본 그는 결국 미적 판단이라는 관점의 극단적인 결과로 "프랑스어의 걸작들은 학교의 졸업식 연설과 아카데미 프랑세즈의 강연들"이며 "시보다는 시에 대한 평가가 훨씬 더 중요하다Le jugements sur la poésie ont plus de valeur que la poésie"고 주장하기에 이른다. 이러한 움직임 가운데, 그가 두 극단 사이에서 통일성을 발견하지 못하고 방황하기만 했다는 것은 우리의 미학적인 예술 개념이 토대로 삼는 심연은 그리 쉽게 채워지지 않는다는 사실과, 아울러 미적 판단과 내용 없는 예술가의 주체성이라는 두 가지 형이상학적 현실이 서로를 끊임없이 참조한다는 사실을 드러낼 뿐이다.

그러나 예술의 이 두 또 다른 세상이 서로를 지탱하는 현상 속에는 두 개의 대답 없는 질문이 남아 있다. 예술에 관한 우리의 성찰에 일관성을 유지하기 위해 우리가 답변을 시도해야 하는 이 질문들은 이렇게 묻는다. 미적 판단의 기반은 무엇인가? 내용 없는 예술적 주체성의 기반은 무엇인가?

1   《다비드 테니르스의 회화 극장Le Théâtre des peintures de Davide Taniers》, An-
    vers, 1673.

2   《베네치아의 배가 회화의 폭풍을 통과할 때 부는 여덟 편의 바람으로 구성
    된 회화의 항해La carta de navegar pittoresco, compartita in oto venti con i quali la Nave
    Venetiana vien conduita in l'alto mar de la Pitura》, Venezia, 1660, 7번째 바람.

3   하위징아,《중세의 가을》, 375쪽.

4   헤겔,《미학 강의》, Merker 엮음, 674~675쪽.

5   같은 책, 676쪽.

5장
___

시보다 시에 대한 평가가 중요하다는
로트레아몽의 말

미적 판단이 어떤 의미를 지니고 있는가에 대해 사유하는 우리의 진지함은 여전히 충분하다고 할 수 없다. 어떤 식으로 우리는 이 로트레아몽의 말을 진지하게 받아들일 수 있는가? 우리가 계속해서 로트레아몽의 문장을 알쏭달쏭한 방식으로 내뱉은 하나의 익살스러운 표현으로 보고 그 속에서 의미의 반전만을 찾으려 한다면 결국 이 문장의 의미를 본래의 차원에서 숙고한다는 것은 불가능할 것이다. 반대로 우리가 시작해야 하는 것은 이 문장 속에 숨어 있는 진실이 혹시라도 현대적인 미적 감각의 구조 내부에 새겨져 있는 것은 아닌지 살펴보는 일이다.

로트레아몽의 말 속에 숨어 있는 비밀스러운 의미에 접근하기 위해서는 이 문장을 헤겔이 그의 《미학 강의》 서문에서 우리 시대에 예술이 처한 운명에 대해 언급하며 기록한 내용과 비교해 볼 필요가 있다. 그러면 우리는 놀랍게도 헤겔의 결론이 로트레아몽이 하는 말의 의미와 그다지 멀게 느껴지지 않을 뿐만 아니라 이 표현이 우리가 지금까지 느꼈던 것보다는 훨씬 덜 모순적으로 다가온다는 사실을 깨닫게 된다.

헤겔은 옛 시대가 예술 속에서 발견했던 동일한 정신적 충족을 예술 작품을 통해 인간의 영혼에 선사한다는 것이 이제는 불가능해졌다고 보았다. 그 이유는 지나치게 발달한 관찰의 습관과 비평 정신으로 인해 현대인이 예술 작품과의 은밀한 교화를 통해 작품의 본질적인 생명력을 파악하려고 시도하는 대신 오히려 미적 판단이 제공하는 비평적 도구를 바탕으로 작품을 이해하려고 노력하기 때문이다. 헤겔은 이렇게 말한다. "이제 예술 작품들은 우리 안에서 즉각적인 즐거움뿐만 아니라 우리의 미적 판단을 불러일으킨다고 보아야 한다. 예술 작품의 내용과 표현 수단, 그리고 이 두 가지 모두의 적합성 여부가 우리의 직접적인 성찰의 대상이 되었기 때문이다. 따라서 예술을 다루는 학문의 필요성은 예술이 그 자체로 총체적인 만족의 대상이었던 옛 시대보다 우리 시대에 훨씬 더 크다고 할 수밖에 없다. 우리는 예술이 요구하는 대로 예술 작품을 성찰의 대상으로 삼지만 이제 그것은 예술의 재창조를 위해서가 아니라 예술이 무엇인가를 학문적으로 이해하기 위해서다. (⋯⋯) 예술은 이제 스스로의 정당성을 학문 속에서만 발견한다."[1]

디오니시우스 판 레이클이 성 요한 성당의 오르간 멜로디를 들으면서 황홀경에 빠졌던 시대는 먼 옛날이 되어버렸다. 현대인에게 예술 작품은 더 이상 영혼을 황홀경에 빠져들도록 하는 신성한 것의 구체적인 현현이나 신성한 공포가 아니라 비평적 취향을 발동시키기 위한 특별한 기회에 지나지 않는다. 예술에 대한 비평적인 평가란, 그것이 정말 예술 자체보다 더 중요한 가치를 지니는 것은 아니라 하더라도, 그만큼 본질적인 필요성에 부응하는 것임에는 틀림없다.

비평적 취향은 우리에게 지독히도 자연스럽고 익숙한 경험이다. 우리는 미적 판단의 메커니즘이 과연 무엇인지에 대해 물을 생각조차 하지 않고 예술 작품 앞에 설 때마다 무의식적으로 눈앞에 보고 있는 것이 정말 예술 작품인가 아닌가, 가짜는 아닌가 하는 질문부터 던진다. 헤겔이 말했던 것처럼, 우리는 예술의 내용과 표현 수단, 그리고 이 두 가지 모두의 적합성 여부를 성찰의 대상으로 삼는다. 아니, 오히려 존재 여부를 묻는 이 반사적인 질문의 신비로운 다양성은 사실 그리스 문명의 태동기에서부터 항상 '존재하는 이것은 과연 무엇인가ti to on'를 물으면서 '존재하는on 것'과 '존재하지 않는mē on 것'을 구분하고 그런 방식으로 거의 끊임없이 주변 세계를 관찰해온 서구인의 훨씬 더 광범위하고 일반적인 태도의 한 측면에 지나지 않을 것이다.

이제 '미적 판단'에 대해 서양철학사가 보유하고 있는 가장 일관적인 성찰, 즉 칸트의《판단력 비판》을 잠시 살펴보자. 놀라운 것은 여기서 미美의 문제가 예외적으로 미적 판단의 차원에서만 제시된다는 사실이 아니라 (그건 오히려 완벽할 정도로 자연스럽게 느껴진다) 오히려 미를 특징짓는 결정적인 요인들이 '판단' 속에서 순수하게 부정적인 방식으로 정의된다는 사실이다. 칸트는 선험적 분석론을 토대로 아름다움을 네 단계로 나누어 정의 내리면서 미적 판단의 네 가지 본질적인 성격을 다음과 같이 설명한다. 첫 번째 정의에 따르면, '취향이란 하나의 대상 혹은 작품을 쾌감 혹은 불쾌감을 기준으로 아무런 사심 없이 판단할 수 있는 능력을 말한다. 이러한 쾌감의 대상을 흔히들 아름답다고 말한다'(§5). 두 번째 정의에 따르면, '개념의 중재 없이 보편적인 차원에서 마음에 드는 것을 아름답다고 한다'(§6). 세 번째 정의에 따르면, '하나의 대상이 가지고 있는 궁극적인 성격이 어떤 목적을 구체적으로 표현하지 않은 상태에서 지각될 때 그것의 형태를 우리는 아름다움이라고 부른다'(§17). 그리고 네 번째 정의에 따르면, '개념의 중재 없이 보편적인 즐거움의 대상으로 인식되는 것을 아름다움이라고 한다'(§22).

미적 판단 대상으로서의 아름다움이 가지고 있는 이 네 가지 성격(즉, 사심 없는 쾌감, 개념의 중재 없는 보편성, 목적 없이 궁극적인 것, 규칙 없이 정상적인 것) 앞에서 우리는 니체가 형이상학의 오랜 문제를 지적하며《우상의 황혼》에 기록했던 내용을 떠올리지 않을 수 없다. 니체는 이렇게 말한다. "사물들의 진정한 본질을 식별할 수 있도록 허락해주는 기호들은 모두 존재하지 않는 것, 무無에 고유한 기호들이다." 다시 말해, 아름다움이란 무엇인가를 정의 내리기 위해 미적 판단이 동원될 때마다 그것이 매번 손아귀에 움켜쥐는 것은 아름다움이 아니라 차라리 그것의 그림자인 것처럼 보이고 마치 미적 판단의 진정한 대상이 예술이라기보다는 예술이 아닌 무엇인 것처럼, 예술이 아니라 비예술인 것처럼 보인다.

미적 판단의 메커니즘이 과연 어떤 식으로 작동하는지에 대한 우리의 관심이 아무리 부족하다고 해도, 비평적 판단이 예술 작품 앞에서 우리에게 제안하는 모든 것이 바로 이 그림자에 구속되어 있다는 사실을 우리는 어쩔 수 없이 받아들여야만 한다. 예술을 예술이 아닌 것과 분리시키면서 판단이라는 행위를 통해 우리는 예술이 아닌 것을 예술의 내용으로 만들어버린다. 우리가 예술의 현실을 발견하는 것은 이 부정적인 틀 속에서만 가능한 일이다. 어떤 예술 작품에 예술성이 결여되어 있다고 말할 때 우리가 의도하는 것은 작품 속에 예술이 요구하는 모든 물질적인 요소가 다 포함되어 있음에도 예술 작품의 운명을 좌우하는 무언가 본질적인 요소가 빠져 있다는 뜻의 이야기다. 이는 이제 막 숨을 거둔 사람의 시체가 살아 있는 생명체의 모든 요소를 지니고 있음에도 한 존재를 생생하게 살아 숨 쉬도록 하는 그 붙잡을 수 없는 무언가를 가지지 않고 있는 것과 마찬가지다. 우리는 예술 작품 앞에서 무의식적으로, 마치 시체를 통해서만 해부학을 습득했기 때문에 환자의 박동하는 신체 기관 앞에서 그의 상태를 파악하기 위해 어쩔 수 없이 해부실의 시체 표본을 머릿속에 떠올려야만 하는 의과대학 학생처럼 행동한다.

비평적 판단이 하는 일은, 그것이 작품의 현실을 가늠하기 위해 사용하는 잣대가 무엇이든 간에(언어적 구조, 역사적 요소, 정통성 작품의 기원이 되는 체험Erlebnis의 정통성 등등) 결국 살아 있는 신체에 죽은 골조를 적용하는 것뿐이다. 결국 예술 작품은 우리에게 정말 헤겔이 이야기하던 '나무에서 따낸 아름다운 과실'에 지나지 않는다. 행운의 여신은, 그것을 우리의 눈앞에 펼쳐놓았을 뿐, 그것을 낳은 나뭇가지도, 그것에 영양을 불어넣은 대지나 과실을 익게 만든 계절의 변화도 우리에게 되돌려주지 않는다.[2] 부정된 것은 미적 판단의 유일하고 사실적인 내용으로 받아들여지는 반면 인정된 것은 바로 이 그림자에 의해 가려진다. 우리의 예술 예찬은 필연적으로 예술의 망각과 함께 시작된다.

미적 판단을 통해 우리는 예술 작품을 이해하는 데 없어서는 안 되는 이 도구의 불편한 모순을 만나게 된다. 이 도구는 작품의 현실 속으로 침투해 들어가는 것을 방해할 뿐만 아니라 우리를 끊임없이 예술의 현실과 다른 무엇을 향해 이끌면서 우리에게 작품의 현실을 하나의 단순하고 순수한 무로 제시한다. 복잡하고 세분화된 부정신학과 유사하게 미적 비평은 규정할 수 없는 것의 그림자 속으로 빠져들며 그것을 중심으로 끊임없는 배회를 시도한다. 이러한 방식은 베다Véda의 "이것 말고, 이것 말고" 혹은 산 베르나르도의 "나는 모르네, 나는 모르네"를 떠올리게 한다. 이 무의 열성적인 교화에 길들여진 우리가 눈치 채지 못하는 것은 어느덧 예술이 우리에게 스스로의 컴컴한 얼굴만 비추는 행성이 되어버렸다는 것과 결과적으로 미적 판단이란 로고스, 즉 예술과 그 그림자의 결합에 지나지 않는다는 사실이다.

이러한 특징을 우리는 다음과 같이 하나의 공식으로, 즉 비평적 판단은 예술을 '예술'로 생각하며, 따라서 어디서든 끊임없이 예술을 예술의 그림자 속으로 끌어들이고 예술을 예술이 아닌 무엇으로 간주한다고 말할 수 있다. 이 '예술', 즉 예술의 순수한 그림자가 최고의 가치로 등극하면서 다스리기 시작한 것이 바로 미학의 땅이다. 우리가 미적 판단의 근원에 대해 깊이 성찰하지 않는 한 이 땅에서 벗어난다는 것은 불가능한 일이다.

*

미적 판단의 근원이라는 수수께끼는 현대 철학의 기원과 운명 속에 감추어져 있다. 칸트가 미학의 역사상 진정으로 값어치 있는 유일한 질문, 즉 '선험적 미적 판단은 근본적인 기준의 차원에서 어떻게 가능한가?'라는 질문에 만족스러운 해답을 찾아내는 데 실패한 순간부터, 이 오점은 우리가 예술 작품에 대한 평가를 내릴 때마다 매번 우리를 괴롭히는 하나의 무거운 원죄로 남아 있다.

칸트는 미적 판단의 근원이라는 문제를 취향의 이율배반적 논리에 해결점을 제시하는 문제로 보고 이를 《판단력 비판》의 두 번째 장에서 다음과 같이 요약했다.

① 명제: 취향을 근거로 하는 판단은 개념을 토대로 하지 않는다. 개념을 토대로 한다면 판단 내용에 대해 논쟁이 벌이는 일이 가능해질 것이다.

② 반립명제: 취향을 근거로 하는 판단은 개념을 토대로 한다. 그렇지 않다면 다양한 종류의 평가를, 그 차이가 어떤 것이든 간에, 비교한다는 것 자체가 불가능해질 것이다(누군가의 판단에 필요한 타자의 동의를 요청한다는 것이 힘들어질 것이다).[3]

칸트는, 개념과 같은 성격을 가지고 있으면서 어떤 식으로든 규정될 수 없다는 이유 때문에 판단 자체를 증명해 보일 수 없는 무언가를, 다시 말해 '하나의 개념이지만 그것으로는 아무것도 인식할 수 없는 무언가'를 미적 판단의 근원적인 토대로 제시하면서 이 이율배반적인 명제들의 문제를 해결할 수 있다고 믿었다.

그러나 내가 이렇게 말하면 모든 모순은 사라질 것이다. 즉, 취향에 따른 판단은 하나의 개념(판단을 위한 자연적이고 주관적인 의도의 일반적인 토대라는 개념)에 기초하지만, 이 개념은 그 자체로는 규정될 수 없으며 앎에 전적으로 무용하기 때문에 이를 통해서는 판단 대상에 대해 무언가를 이해하고 증명한다는 것이 불가능하다. 그러나 이 개념은 어찌 되었든 판단에 모두를 위한(물론 누구에게든 자신의 직관이 직접적으로 반응하는 개인적인 판단으로 남겠지만) 타당성을 부여한다. 그 이유는 아마도 판단을 결정하

는 원리가 인간 정신의 초감각적 기층으로 간주될 수 있는 무언
가의 개념 속에 들어 있기 때문일 것이다. (……) 주관적 원리만
이, 즉 우리 안에 있는 초감각적인 것의 규정되지 않은 개념만이
우리도 그 기원을 헤아리지 못하는 이 판단 능력을 설명하기 위
한 유일한 열쇠로서 제시될 수 있을 뿐이다. 그 외에 다른 방식
으로 그것을 이해한다는 것은 전적으로 불가능하다.[4]

아마도 칸트는 이 규정할 수 없는 성격의 개념을 기초로 하는
미적 판단이 굳건한 이성을 토대로 하는 입장에 비해 오히려 신
비주의적 직관에 더 가까워 보인다는 것을 잘 알고 있었고, 그런
식으로 판단력의 '시원'이 가장 파고들기 어려운 신비 속에 갇히
게 되리라는 것 또한 충분히 의식하고 있었던 것으로 보인다. 하
지만 칸트는 예술이 일단 미적 판단의 차원에서 인식되기 시작한
다음에는 예술 자체가 이성과 의견을 일치시킬 수 있는 또 다른
길이 더 이상 없다는 것도 또한 알고 있었다.

칸트가 예술적 아름다움의 판단에 내재하는 분열을 무의식
적으로나마 감지하고 있었던 것으로 보이는 이유는 그가 예술 작
품에 대한 평가를 자연의 아름다움에 대한 평가와 비교하면서 후
자의 경우 우리가 대상이 어떤 식으로 존재해야 하는지에 대해
미리 생각할 필요가 전혀 없는 반면, 전자의 경우에는 꼭 필요하
다고 보았고 그 이유가 예술 작품의 근원에 우리와는 전적으로
다른 무언가가, 즉 자유로운 창조와 형식의 원리가 존재하기 때

문이라고 확신했기 때문이다. 이것이 바로 칸트로 하여금 판단 능력으로서의 취향을 창조 능력으로서의 천재성과 대립되는 것으로 간주하도록 만든 요인이다. 그는 이 두 원칙의 근본적인 이질성을 조화롭게 하기 위해 양자 모두의 근원에 존재하는 초감각적인 기반이라는 신비주의적 사유에 호소할 수밖에 없었다.

라모의 문제, 즉 취향과 천재성의 분리라는 문제는 어찌 되었든 미적 판단의 기원이라는 수수께끼를 여전히 은밀하게 지배하고 있는 주제다. 이 수수께끼를 해결했다고 믿었던 크로체가 미적 판단을 미적 창조와 동일한 것으로 보고 "취향과 천재성의 차이는 단지 상황의 이질성 속에 숨어 있을 뿐이다. 때로는 창조, 때로는 미적 관점에서의 재생이 관건이 될 뿐이기"[5] 때문이라고 기록하면서 용서할 수 없는 가벼운 어조로, 마치 이 수수께끼가 정말이 상황의 '이질성' 속에 숨어 있는 것은 아니라는 듯이 이야기했다는 것은 이 불화가 실제로 현대 문화의 운명 속에 얼마나 뿌리 깊게 새겨져 있는지, 아울러 어떻게 미적 판단이 다름 아닌 스스로의 기원을 필연적으로 망각하면서 시작되는지를 증언해준다.

예술 작품은 우리의 미학적인 이해 방식 속에서 일종의 에너지 감소라는 법칙의 지배하에 놓인다. 다시 말해, 예술 작품은 창조된 이후의 상태에서 창조되었을 당시의 상태로 거꾸로 거슬러 올라간다는 것이 불가능한 무엇이라고 할 수 있다. 외부로부터 고립된 한 물질이 A라는 상태에서 B라는 상태로 변화하는 것은 가능하지만 최초의 상태로 돌아간다는 것은 어떤 식으로든 불가능한 것처럼, 예술 작품 역시 일단 창조된 다음에는 취향이라는 반대 과정을 통해 그것을 원래의 상태로 되돌릴 수 있는 방법은 결코 존재하지 않는다. 미적 판단력은 스스로의 분열을 막기 위해 고군분투하지만, 그럼에도 우리가 예술적 에너지의 감소라고 부르는 법칙에서 결코 벗어나지 못한다. 어느 날 비평이 재판을 받는다면 변호하기 가장 힘든 부분은 비평이 스스로의 기원과 의미에 대한 질문을 까맣게 잊으면서 증명해 보인 스스로에 대한 부족한 비평 정신일 것이다.

그러나 앞서 언급했던 것처럼 역사는 버스처럼 원할 때 마음대로 하차할 수 있는 성격의 것이 아니다. 그리고 이러한 기원의 결함에도 불구하고, 아울러 그것이 모순적으로 비추어질 수 있는데도 미적 판단력은 어느덧 우리가 예술을 이해하는 감각의 본질적인 수단이 되어버렸다. 이를 당연하다고 볼 수밖에 없는 근거가 있다. 그것은 바로 미적 판단력이 수사학의 잿더미로부터 탄생시킨 전대미문의 학문과 학자, 바로 현대 비평과 비평가라는 인물이다. 비평가의 유일한 존재 이유와 독점적인 과제는 미적 판단력의 훈련이다.

이 인물은 자신의 활동을 통해 그의 근본이 지니고 있는 어두운 모순을 실어 나른다. 도처에서 비평가는 예술을 예술과 정반대되는 곳으로 몰아가 그것을 분해하고 결국 예술이 아닌 무언가로 만들어버린다. 성찰의 힘을 발휘하며 부인된 존재와 그림자를 도처에 가져오는 그는 마치 예술을 위해 필요한 것은 오로지 예술의 '뒤집어진 신deus inversus'을 향해 검은 미사를 드리는 것뿐이라는 듯이 행동한다. 1800년대의 프랑스 월요기자들이 기록한 어마어마한 양의 글들을 전혀 알려지지 않은 것에서 가장 널리 알려진 것까지 모두 검토해보면 놀랍게도, 훌륭한 예술가보다는 형편없는 저질 예술가들에게 훨씬 더 많은 공간과 관심이 할애되었다는 사실을 발견하게 된다. 보들레르와 발자크에 대해 생트 뵈브Sainte-Beuve가 쓴 기사를 읽으면서 부끄러움을 금할 수 없었던 프루스트는 만약에 1800년대에 쓰인 모든 문학작품이 불타 없어지고 월요기사들lundistes만 남는다면, 그래서 이 기사들의 내용만을 토대로 작가들의 중요성을 평가해야 하는 상황이 온다면 아마도 스탕달과 플로베르는 샤를 드 베르나르Charles de Bernard, 비네Vinet, 몰레Molé, 라몽Ramond 등의 삼류 작가들보다 훨씬 뒤떨어지는 작가로 평가되리라는 생각을 한 적이 있다.[6] 비평의 시대로 불리던(장 폴랑이 아이러니하게 '틀림없이 반어적인 의미에서'라고 지적했던) 세기 전체가 머리끝부터 발끝까지 하나의 원칙, 즉 훌륭한 비평가는 훌륭한 작가를 필연적으로 잘못 평가할 수밖에 없다는 원칙하에 움직였던 것으로 보인다. 빌맹Villemain은 샤토브리앙의 문학에 문제점을 제기했고 브륀티에르는 스탕달과 플로베르를 거부했으며, 르메트르Lemaitre는 베를렌과 말라르메를, 파게Faguet는 네르발과 졸라를 신랄하게 비판했다. 이탈리아에서도 크로체는 랭보와 말라르메를 전적으로 무시하는 성급한 평가를 내놓았다.

언뜻 보면 숙명적인 실수인 듯 보이지만 좀 더 가까이서 관찰해보면 이러한 실수는 오히려 비평가가 자신의 과제와 원죄에 충실하기 위해 보유하고 있는 하나의 유일한 수단으로 드러난다. 그가 계속해서 예술을 그의 그림자 안으로 가져오지 않는다면, 예술을 예술이 아닌 것과 구별하면서 후자를 예술의 내용으로 삼지 않는다면, 그런 식으로 결국 이들을 혼동할 위험에 스스로를 노출시키지 않는다면 예술 작품에 대한 우리의 미적 사유는 견고함을 완전히 상실하고 말 것이다. 오래전에 예술가의 정체가 작품과의 즉각적인 일치 속에서 그의 신앙과 세계관과 분리되지 않았고, 동시에 관람자가 작품 속에서 즉각적으로 그의 의식이 가장 높이 평가하는 진실, 즉 신성함을 발견할 수 있었던 시대와는 달리 오늘날의 예술 작품은 더 이상 예술가의 주체성과 작품 내용의 통일성 속에서 기반을 발견하지 못한다.

예술 작품의 지고한 진실은 이제, 우리가 앞 장에서 살펴본 것처럼, 내용과는 상관없이 예술의 힘을 발휘하게 하는 순수한 창조와 형식의 원칙이다. 이는 곧 예술 작품 속에 본질로 남아 있는 것이 관람자에게는 이질적이며 본질과는 거리가 먼 것에 불과하다는 것을 의미한다. 반면에 그가 예술 작품을 통해 발견하는 것, 즉 그가 발견하는 예술의 내용은 더 이상 작품에 꼭 필요하거나 적절한 표현을 통해 드러나는 진실로 비추어지지 않고, 오히려 그가 사고하는 주체로서 나름대로 충분히 의식하고 있을 뿐만 아니라 그만큼 자신도 표현해낼 수 있다고 정당하게 믿는 무엇처럼 비추어진다. 따라서 팔 없는 라파엘로의 상황이 어떤 의미에서는 오늘날 예술 작품을 진정으로 아끼는 한 예술 애호가의 아주 평범한 정신적 상황이라고 볼 수 있다. 예술의 경험은 이제 하나의 절대적인 분열의 경험으로만 가능하다. "한 인물의 동일한 개성이 주어이면서 동시에 수식어가 되는 판단의 정체성"은 (헤겔이 라모를 모델로 분열의 변증법을 발전시키면서 깨달았던 것처럼) 동시에 필연적으로 "무한한 판단을 가리킨다. 이 인물의 개성은 절대적으로 분열되어 있고 주어와 수식어는 다만 서로 다른 개체, 서로 간에 아무런 관계도 없는 두 개의 개체일 뿐이기 때문이다".[7]

미적 판단이 이루어질 때 독자적 존재는 자신의 '독자적 존재'를 대상으로 간주한다. 하지만 이 대상은 절대적인 타자인 동시에 즉각적으로 자기 자신과 일치한다. 미적 판단이란 바로 이 순수한 분열, 아울러 형식의 바다에서 육지에 도달하지 못하고 무한히 떠도는 기초의 부재를 의미한다. 관람자가 이러한 경험의 전격적인 이질화를 순순히 허락하는 순간, 모든 내용과 기반을 포기하고 절대적 퇴폐의 끊임없는 반복에 참여하기로 하는 순간 그는 (예술이라는 개념 자체가 이 퇴폐의 반복 속에 빠져드는 것을 원하지 않는다면) 자신을 되찾기 위한 유일한 방법이 스스로의 모순을 고스란히 받아들이는 것뿐이라는 점을 인정해야 한다. 다시 말해, 그가 분열시켜야 하는 것은 스스로의 분열이다. 그는 스스로의 부정을 부정해야 하고 스스로의 소외를 소외시켜야 한다. 그는 타자가 되고자 하는 절대적 의지인 동시에 분열과 결합의 움직임, 예를 들어 바이올린이 된 자신의 모습을 발견하는 나무와 바이올린, 트럼펫의 모습으로 잠에서 깨어난 구리와 트럼펫[8]을 분리하고 결합하는 움직임이다.

박물관을 지탱하는 공간은 바로 스스로와 타자의 이 끊임없고 절대적인 부정의 공간이다. 그 속에서 분열은 잠시나마 화해의 가능성을 발견한다. 하지만 뒤이어 관람자는 자신의 생각을 부인하고 또 하나의 새로운 부정 속으로 기꺼이 빠져들기 시작한다. 이 소름끼치는 심연 속에서 기초를 취하는 것이 바로 예술에 대한 우리의 미학적인 사고방식이다. 이 사고방식이 우리 사회에서 점하는 긍정적인 가치와 미학의 하늘에 자리 잡은 그것의 형이상학적 견고성이 휴식을 취하는 곳은 스스로의 사멸을 중심으로 힘겹게 움직이는 무의 고통스러운 부정의 공간이다. 우리가 예술로 하여금 스스로의 그림자를 향해 한 발짝 물러서게 하는 이 뒷걸음질 속에서만, 예술은 우리에게 익숙하고 이성적으로 탐구 가능한 차원을 획득한다.

여하튼 비평가가 예술을 그것의 부정으로 인도하는 것이 사실이라면, 반대로 오로지 이 그림자 속에서만, 이 죽음 속에서만 예술은 (예술에 대한 우리의 미적 사유는) 스스로를 지탱하며 사실성을 획득한다. 따라서 비평가는 결국 이반 카라마조프의 대심문관과 닮았다고 할 수 있다. 그는 기독교 세계의 실현을 위해, 그리스도가 눈앞에 나타났을 때, 그를 부정해야 하는 인물이다.

*

    하지만 우리가 미적 이해를 위해 필요로 하는 이 껄끄러우면서도 대체 불가능한 도구는 오늘날 소멸의 위기를 맞이한 듯이 보인다. '생전에 출판하는 유작'이라는 표현으로 번역될 수 있을 만한 제목의 책《Nachlass zu Lebzeiten》의 〈비구속적인 고찰들〉이라는 글에서 무질은 농담조로 "키치가 한 차원에서 또 다른 차원으로 성장을 거듭한 뒤 더 이상 참기 힘든 것이 되어버린 것은 아닌가? 성장과 함께 계속해서 덜 키치적인 것으로 변한 것은 아닌가?"라는 질문을 던지면서 하나의 흥미로운 수학 공식을 통해 키치와 예술 간의 관계를 조명한 뒤 결국 키치는 예술과 동일한 것처럼 보인다는 결론을 내린다. 미적 사유를 통해 예술을 그것의 그림자로부터, 정통한 것을 정통하지 못한 것으로부터 구분해내는 법을 터득한 뒤, 우리는 경험을 통해 우리의 가장 독창적인 미적 감수성이 바로 예술이라고 부를 수 없는 것으로부터 왔다는 불편한 진실을 마주하기 시작했다. 사실 키치적인 것 앞에서 단 한 번이라도 자신의 비평적 취향이 제시하는 모든 판단을 전적으로 무시하고 '이건 미적인 관점에서 추하다고 볼 수밖에 없지만, 어찌 되었든 마음에 들고 감동적'이라는 것을 인정하면서 감미로운 해방감을 느껴보지 않은 사람이 누가 있겠는가? 어떻게 보면, 외부 세계의 광활한 지평 전체와 비평적 판단에 의해 비예술의 고성소로 밀려나 있던 우리의 감각이 스스로의 필연성과 변증적 역할에 대한 의식을 획득하기 시작했고 '훌륭한 취향'의 독재에 반란을 일으키며 자신의 권리를 주장하기 위해 모습을 드러냈다고도 볼 수 있을 것이다.

그러나 또 하나의 현상, 훨씬 더 변덕스러운 현상이 우리의 관찰을 기다리고 있다. 예술 작품이 오로지 작품의 그림자와 비교를 통해서만 파악 가능한 것이었던 반면 자연의 아름다움을 평가하면서 (칸트가 직감했던 대로) 지금까지 우리는 자연을 그것의 부정적인 측면과 비교해야 할 필요를 전혀 느끼지 못했다. 예를 들어, 폭풍우의 완성도가 높거나 낮다든지, 꽃 한 송이의 독창성이 뛰어나거나 떨어진다든지 그 여부에 대해 궁금하게 여기면서 질문을 던질 생각은 하지 못했던 것이다. 이러한 종류의 질문들을 한 폭의 그림이나 한 편의 소설 혹은 천재들의 것이라면 어떤 종류의 작품 앞에서라도 자연스럽게 떠올릴 수 있었던 반면, 자연에 대해 동일한 질문을 던질 수 없었던 이유는 자연이 생산해내는 것들 속에서는 형식이라는 원칙의 이질성을 목격할 수 없었기 때문이다.

이제 우리의 경험이 제시하는 현상들을 유심히 살펴보면 우리는 이러한 관계가 바로 우리 눈앞에서 어떤 식으로든 전복되고 있다는 것을 깨달을 수 있다. 현대 예술은 실제로 미적 판단의 전통적인 메커니즘에 호소하는 것이 더 이상 불가능한 작품들, 예술과 비예술 간의 적대 관계가 절대적인 방식으로는 적용될 수 없는 작품들을 계속해서 더 빈번하게 선보이고 있다. 예를 들어, 창조와 형식이라는 원칙의 이질성이 뒤이어 예술의 영역에 억지로 끼워 맞춘 비예술적인 대상의 이질성에 의해 대치되는 경우, 즉 하나의 레디메이드 앞에서 비평적 판단은 즉각적으로 스스로와의 비교를 시작하거나 혹은, 좀 더 정확히 말해, 스스로의 전복된 이미지와 비교를 시작한다. 여기서 비평이 비예술로 인도해야 하는 것들은 사실 그 자체로 이미 비예술이며 따라서 비평이라는 작업은 그런 식으로 아주 단순한 정체 확인을 위해 소모될 뿐이다. 현대 예술은 이러한 과정을 좀 더 극단적으로 발전시켰고 결국에는 뒤샹이 렘브란트의 그림을 다림질 판으로 사용할 것을 제시하면서 고안해낸 리시프로컬 레디메이드reciprocal ready-made*를 현실화시켰다. 레디메이드의 자극적인 대상성은 구멍과 얼룩과 틈을 통해, 아울러 비회화적인 소재의 사용을 통해 예술 작품을 더욱더 끊임없이 비예술적인 생산품과 일치시키려는 경향을 가지고 있다. 스스로의 그림자를 의식하면서 예술은 그런 식으로 스스로의 부인否認을 자기 안에 즉각적으로 받아들인다. 예술은 비평과의 거리를 좁히면서 스스로 예술의 논리, 예술의 그림자의 논리, 예술에 대한 비평적 성찰, 즉 '예술'로 등장한다.

---

* 렘브란트의 그림으로 만든 다림질 판처럼, 기본적으로 예술을 일상생활과 용해하려는 의도를 지닌 장르다. 예술 작품과 비-예술 작품이 본질적인 차원에서 동일한 것이라면, 그래서 예술가가 일상적인 사물을 현실 밖에 위치시키면서 작품의 단계로 끌어올리는 것이 가능하다면 그 역도 성립해야 한다는 것이 리시프로컬 레디메이드의 입장이다. 즉, 예술 작품을 일반적인 사물의 단계로 끌어내리면서 작품을 생활용품처럼 변화와 파손에 민감한 물건으로 만드는 일이 예술 못지않게 값어치 있는 일이라고 보는 것이다.

현대 예술에서 비평적 판단은 스스로의 분열을 벌거벗은 채 드러내며 결과적으로 스스로의 공간을 제거하거나 무의미하게 만들어버린다.

동시에 정반대의 과정이 우리가 자연을 생각하는 방식을 통해 모습을 드러낸다. 우리가 아름다움을 기준으로 예술 작품을 더 이상 평가할 수 없는 반면 자연에 대한 우리의 이해는 지나치게 어두워졌고, 다른 한편으로는 자연 안에 있는 인간적인 요소가 지나치게 강화되었기 때문에 하나의 자연 풍경 앞에서 이를 자연스럽게 그것의 그림자와 비교한다거나 그것이 미학적인 차원에서 아름다운지 추한지 묻는 일이 벌어지고, 아울러 예술 작품을 예를 들어 하나의 광석으로부터, 혹은 시간이 흐르면서 화학작용에 의해 썩고 축소된 나무 조각으로부터 구별하는 것이 점점 더 어려워졌다.

그런 식으로 오늘날에는 예술 작품의 보전에 대해 이야기하는 것처럼 자연 풍경의 보전에 대해 이야기하는 것이 지극히 자연스러운 일이 되어버렸다. 물론 이 두 가지 모두 옛날에는 상상조차 할 수 없는 생각이었을 것이다. 예술 작품의 복원을 담당하는 기관들이 존재하듯 머지않아 자연의 아름다움을 복원하는 기관을 창설할 때가 오게 되겠지만, 사실 우리가 깨닫지 못하는 것은 이러한 생각들이 자연과 인간의 관계에 근본적인 변화를 가져온다는 것, 아울러 자연을 손상시키지 않고서는 그 안으로 침투하지 못하는 인간의 무기력함이 결국은 자연환경을 이 침투로부터 정화시키려는 욕망과 함께 동일한 메달의 양면을 구축한다는 사실이다. 미적 판단력의 관점에서 절대적인 이질성으로 나타나던 것이 이제는 무언가 친밀하고 자연스러운 것이 되어버렸고, 반대로 우리에게 하나의 친숙한 현실이었던 자연의 아름다움은 무언가 근본적으로 이질적인 것이 되어버렸다. 예술은 자연이 되고 자연은 예술이 된 셈이다.

이러한 전복의 첫 번째 결과는 비평이 본래의 기능, 즉 우리가 예술과 그 그림자의 로고스로 규정했던 미적 판단의 실행을 포기했다는 것이다. 비평은 대신에 정보 이론의 (정확하게 예술과 비예술의 구분이라는 영역 안에서만 예술을 생각하는) 도식에 근거해 예술을 탐구하는 과학으로 발전하거나 비-미학적인 관점, 하지만 결국 미학의 내부로 되돌아올 수밖에 없는 관점에서, 예술의 불가능한 의미를 탐구하는 분야가 될 것이다.

비평적인 의식은 어찌 되었든 일시적인 쇠퇴를 겪고 있는 듯이 보인다. 이 쇠퇴가 얼마나 오래 지속될지, 어떤 결과를 가져올지에 대해 우리는 몇 가지 가정을 내세울 수 있을 뿐이다. 이들 중에 하나는 (물론 이것이 가장 암울한 가정은 아니다) 우리가 바로 지금 있는 힘을 다해 미적 판단의 근원에 대해 질문을 던지지 않는다면 우리가 알고 있는 대로의 예술이라는 개념은 어느새 사라지고, 아울러 새로운 개념이 만족스럽게 그 자리를 차지하는 일도 일어나지 않으리라는 것이다.

우리가 미적 판단이라는 아랍의 불사조를 머리끝에서 발끝까지 타오르게 하고 그 재에서 예술을 훨씬 더 독창적인, 다시 말해 더 원천적인 방식으로 생각할 수 있는 방법을 탄생시키지 않는다면, 이를 위해 이 일시적인 암흑으로부터 우리의 질문을 축출해내지 않는다면, 우리가 알고 있는 예술 개념은 언젠가 사라지고 말 것이다.

1 헤겔, 《미학 강의》, Merker 엮음, 16~18쪽.

2 "조각상들은 생명력을 잃은 시체에 불과하고 찬가는 믿음을 잃은 말들의
   수다에 불과하다. 신들의 식탁에는 음식도 음료도 오르지 않고 축제와 경주
   는 인간의 의식에게 더 이상 본질과의 행복한 일체감을 선사하지 못한다.
   예술 작품에는 신과 인간의 충돌을 지켜보며 스스로에 대한 확신이 솟아오
   르는 것을 느끼던 정신의 힘이 결여되어 있다. 이제 예술 작품은 우리가 보
   는 그대로의 개체에 지나지 않으며, 아름답지만 나뭇가지에서 떼어낸 과일
   에 불과하다. 한 소녀가 과일 바구니를 앞으로 내밀듯 자비로운 숙명의 여
   신이 우리에게 선사하는 것이 바로 예술 작품이다. 하지만 그 안에서 우리
   는 작품 자체가 전달하는 실질적인 효과를 기대하지 못한다. 그 안에는 과
   일을 탄생시킨 나무도, 그것에 영양을 불어넣던 대지도, 그것의 특성을 좌
   우하던 기후도, 과일을 무르익게 만든 계절의 변화도 더 이상 존재하지 않
   는다. 그런 식으로 운명은 예술 작품을 창조해낸 세계도, 그것들을 꽃피우
   고 무르익게 만든 문화적인 삶의 봄과 여름도 우리에게 되돌려주지 않는다.
   운명은 다만 그 실질적인 삶의 봉인된 기억 혹은 그것이 내면적으로 안주
   하는 모습만 되돌려줄 뿐이다. 따라서 예술 작품을 향유하는 우리의 행위는
   더 이상 하나의 예배 행위, 인간의 의식이 진실을 발견하던 과정으로서의
   예배 행위가 아니라 오히려 과일에서 빗방울이나 티끌을 닦아내고 그것을
   정화하는 외면적인 행위, 한때 예술을 감싸 안으며 생기와 영혼을 불어넣던
   문화적인 삶의 내적인 요인들 대신 그것의 외관이 지니는 죽은 요소들, 언
   어나 역사적인 사실 등을 끝없이 늘어놓고 배치하는 행위, 그것의 생생한
   삶에 참여하기 위해서가 아니라 그것을 오로지 그 자체로 표현해내려는 행
   위에 지나지 않는다." 헤겔, 《정신현상학》, J. Hofffmeister 엮음, 523쪽.

3   칸트, 《판단력 비판》, §56.

4   같은 책, §57~§59.

5   헤겔, 《미학 강의》, 132쪽.

6   이 내용은 프루스트가 《잃어버린 시간을 찾아서》를 편집하기 바로 직전 시기에 그가 매달렸던 생트 뵈브에 관한 미완성 논문에 들어 있다("Contre Sainte-Beuve", 1954, 160쪽).

7   앞의 책, 370쪽.

8   "나는 타자다. 바이올린이 된 자신을 발견하는 나무에게는 유감이다Je est un autre. Tant pis pour le bois qui se trouve violon."(랭보, 조르주 이잠바르Georges Izambrad에게 보내는 편지, 1871년 3월 13일) "나는 타자다. 만약 구리가 나팔로 잠에서 깨어나면Je est un autre. Si le cuivre s'éveille clairon."(폴 드므니Paul Demeny에게 보내는 편지, 1871년 3월 15일)

6장

스스로를 파괴하는 무無

플라톤은《국가》의 마지막 장에서 자신이 시를 도시에서 추방했다는 이유로 누군가가 그를 둔감하고 천박한 사람이라고 비난하는 일이 벌어지지 않도록, 시와 철학 간의 반목diaphora Philosophia te kai poiētikē이 당시에도 이미 하나의 오래된 적대 관계palaia enantiōsis로 간주되고 있었다고 밝힌 바 있다. 그는 자신이 주장하는 바를 증명하기 위해 시인들이 철학을 상대로 천명했던 몇몇 품위 없는 표현들을, 예를 들어 '주인을 향해 으르렁거리며 짖어대는 개' '제우스에게 굽실거리는 철학가들의 패거리' '지저분한 수다의 대가들'과 같은 표현들을 인용했다.[1] 우리의 일상적인 감식 습관이 인지하는 것보다 훨씬 더 결정적인 방식으로 서양 문화의 운명을 지배해온 적 있는 이 수수께끼 같은 반목의 역사를 거시적인 단위로 구분해보면, 아마도 플라톤에 의한 시의 추방령 이후 두 번째로 결정적인 역할을 한 견해는 헤겔이《미학 강의》첫 부분에서 예술에 대해 기록하고 있는 내용이 될 것이다.

헤겔은 이렇게 말한다. "우리가 예술에 높은 지위를 부여하더라도, 동시에 기억해두어야 할 것은 예술이, 내용뿐만 아니라 형식적인 측면에서도, 인간에게 정신적으로 그의 진정한 관심사가 무엇인지 일깨워줄 수 있는 가장 훌륭하고 절대적인 방식은 아니라는 사실이다. (……) 이에 대해 사람들이 어떤 태도를 취하든 간에, 확실한 것은 예술이 이제는 과거의 시대와 민족이 예술을 통해 추구했고, 오로지 예술 속에서만 발견할 수 있었던 영적 충족을 더 이상 제공하지 않는다는 것이다. 이러한 모든 특징과 예술의 지고한 목적을 고려했을 때, 예술은 우리에게 하나의 지나간 과거에 불과하다. 예술은 우리에게 더 이상 진리가 실존하는 가장 고귀한 방식을 의미하지 않는다. (……) 우리는 예술이 자리에서 일어나기를, 완성 단계를 향해 더욱더 매진하기를 기대할 수 있지만, 예술이라는 형식은 정신의 가장 고귀한 요구로 존재하기를 포기하고 말았다."[2]

사람들은 흔히 이 의견에 반문을 제기하면서 헤겔이 이 예술의 추모 연설문을 기록했을 당시에도 예술가들은 수많은 걸작을 탄생시켰고, 동시에 그만큼 많은 예술 사조가 탄생했으며, 한편으로는 그의 이러한 의견이 절대정신의 형식 가운데 하나인 철학에 가장 높은 권위를 부여하려는 헤겔 자신의 성향에 영향을 받을 수밖에 없었다고 주장한다. 하지만 헤겔의 《미학 강의》를 제대로 읽은 사람이라면 누구든지 헤겔이 예술의 또 다른 발전 가능성을 한 번도 부인한 적이 없다는 사실과 헤겔이 그토록 덜 '철학적인' 동기에 좌우되기에는 너무나 높은 차원에서 철학과 예술을 바라보았다는 사실을 잘 알고 있을 것이다. 아울러 '가깝게, 하지만 서로 멀리 떨어진 산에서 살아가는' 예술과 철학의 관계에 대해 성찰하며 반목의 역사에 세 번째 획을 그었다고 볼 수 있는 하이데거가 헤겔의 강의로부터 힌트를 얻어 "예술은 여전히 우리 존재의 역사성을 결정짓는 진실의 본질적이고 불가피한 도래 방식인가, 더 이상 그렇지 않다고 보아야 하는가?"[3]라는 질문을 던졌다는 사실은 우리에게 예술의 운명에 관한 헤겔의 말을 너무 가볍게 여겨서는 안 된다는 경각심을 불러일으킨다.

《미학 강의》의 내용을 좀 더 집중적으로 살펴보면, 사실은 헤겔이 어느 곳에서도 예술의 '죽음'에 대해 이야기하거나 혹은 예술이 가진 생명력의 점차적인 소모 내지 탈진에 대해서도 이야기하지 않는다는 것을 발견하게 된다. 헤겔은 오히려 "모든 민족이, 일반적으로는 문화가 점진적으로 발전하는 가운데 예술이 스스로를 뛰어넘어 무언가를 가리키는 순간을 맞이하게"[4] 된다고 이야기하면서 몇 번씩 적극적으로 '스스로를 초월하는 예술'에 대해 언급한다.[5] 크로체가 생각했던 것처럼, 이를 통해 반-예술적인 경향을 구체화시키는 대신 헤겔은 예술을 가능한 한 가장 높은 차원에서, 다시 말해 예술의 자기 극복이라는 차원에서 생각한다. 헤겔의 문장은 어떤 식으로든 하나의 순수하고 단순한 예술의 추모 연설이라고 볼 수 없으며, 운명의 극단적인 한계에 도달한 예술의 문제, 즉 '더 이상 존재할 수 없는'과 '아직은 존재할 수 없는' 사이에 위치하는 일종의 창백한 고성소에 머물며 순수한 무無 안에서 움직이기 위해 스스로에게서 벗어나는 예술의 문제를 진지하게 다룬 철학적 성찰로 보아야 할 것이다.

그렇다면 예술이 스스로를 넘어선다는 것은 무슨 말인가? 예술이 정말 우리에게는 하나의 과거가 되어버렸다는 뜻인가? 예술이 피할 수 없는 황혼의 암흑 속으로 내려갔다는 뜻인가? 아니, 오히려 예술이 스스로에게 부여된 형이상학적 운명의 순환과정을 완성시키면서 예술의 운명뿐만 아니라 다름 아닌 인간의 운명에 대해 원천적인 질문을 던질 수 있는 기원의 광명 속으로 다시 침투해 들어갔다는 뜻은 아닌가?

이 질문에 답을 마련하기 위해서는 잠시 뒤로 돌아가서, 우리가 4장에서 다루었던 문제, 즉 예술적 주체의 정체가 소재로부터 분리되는 문제를 다시 살펴보아야 한다. 그리고 우리가 지금까지 오로지 관람자의 관점에서만 다루어왔던 과정을 이제 예술가의 관점에서 관찰하며 다음과 같은 질문을 던져볼 필요가 있다. 자신이 만든 작품의 소재에 대해서뿐만 아니라 형식에 대해서도 마찬가지로 하나의 백지가 되어버린 예술가에게, 그래서 어떤 내용도 더 이상은 그의 은밀한 의식과 즉각적인 일치를 이루지 못한다는 것을 발견한 그에게 벌어지는 일은 과연 무엇인가?

언뜻 보면, 예술 작품을 통해 스스로를 절대적인 이질성과 가늠하는 관람자와 달리 예술가는 창조 행위를 통해 스스로의 원칙을 즉각적으로 소유할 수 있고, 따라서 라모의 표현대로, 수많은 허수아비 가운데 유일한 멤논으로 존재할 수 있는 위치를 점하고 있는 듯이 보인다. 하지만 사실은 그렇지 않다. 예술가가 작품을 통해 얻는 경험은 창조적 주체성이 곧 절대적인 본질과 일치하며 소재의 종류에 좌우되지 않는다는 사실의 경험이다. 그러나 모든 내용으로부터 분리된 순수한 창조와 형식의 원칙이란 스스로를 실현하는 동시에 초월하기 위한 끊임없는 노력 속에서 모든 내용을 파괴하고 분해하는 절대적이고 추상적인 비—본질성과 일치한다. 이제, 예술가가 어떤 내용 혹은 하나의 구체적인 믿음을 통해 스스로의 확신을 발견하려 한다면 그는 거짓말을 하는 셈이다. 왜냐하면 그는 순수한 예술적 주체성을 모든 것의 본질로 알고 있기 때문이다. 하지만 이 예술적 주체성 속에서 자신만의 현실을 발견하려 한다면 그는 스스로의 본질을 다름 아닌 형식에 불과한 것 속에서만 찾아야 한다는 모순에 빠지게 된다. 그가 처한 상황은 따라서 근본적인 분열의 상황이다. 이 분열을 벗어나면, 그에게는 모든 것이 거짓에 불과하다.

창조와 형식의 원칙이 가지고 있는 초월성 앞에서 예술가는 물론 그것의 잔인함에 몸을 내맡기고 모든 내용이 총체적으로 분해되는 것을 목격하는 가운데 이 원칙을 하나의 새로운 내용으로 받아들이기 위해 노력할 수 있고, 아울러 스스로의 분열이라는 근본적인 경험을 토대로 새로운 인간적 위상의 가능성을 타진할 수 있다. 랭보처럼 오로지 극단적인 이질화 속에서만 스스로를 소유하기로 결심할 수도 있고, 혹은 아르토처럼 예술을 넘어선 연극의 세계에서 연금술사의 도가니를 찾아 인간이 결국 스스로를 다시 구축하고 스스로의 분열을 회복할 수 있는 방법을 모색할 수도 있을 것이다. 하지만 그가 아무리 스스로의 원칙을 고수할 수 있는 능력을 가지고 있다고 확신하더라도, 그리고 이러한 시도 속에서 누구도 따라오지 못할 곳으로 침투해 들어가는 데 성공하면서 어떤 피조물보다도 더 뼛속 깊이 그를 위협하는 위험에 아주 가까이 다가간다 하더라도, 예술가는 어찌 되었든 여전히 스스로의 본질이라는 한계 안에 머물러 있을 수밖에 없다. 왜냐하면 이제는 스스로의 내용을 완전히 상실했고 그러한 현실과 영원히 함께 살아가야 할 운명에 처해 있기 때문이다. 예술가는 내용 없는 인간이다. 그는 표현의 무 위로 끝없이 떠오르는 것 외에 또 다른 정체성을 가지고 있지 않으며, 스스로의 한계라는 이해할 수 없는 환경 외에 또 다른 일관성도 가지고 있지 않다.

낭만주의 철학자들은, 스스로 창조 원칙의 무한한 초월성을 경험하는 예술가들의 이러한 상황을 고찰하면서 우연성의 세계로부터 스스로 뛰쳐나올 수 있는 예술가의 능력을 아이러니라는 이름으로 불렀다. 모든 종류의 내용에 대한 스스로의 절대적인 우월성을 의식하는 예술가의 경험에 부합하는 것이 바로 아이러니였다. 아이러니는 예술 자체가 예술의 대상이 되어야 한다는 것을 의미했고, 아울러 어떤 내용에서도 더 이상 진솔한 진지함을 발견할 수 없는 만큼 예술이 이제는 오로지 예술가의 시적 자아가

지닌 부정적인 잠재력, 즉 부정하면서 무한한 이중화를 통해 스스로를 끊임없이 자기 자신 위에 올려놓는 부정적인 힘만 표현할 수 있다는 것을 의미했다.

보들레르는 현대 예술가가 처한 이러한 모순적인 상황에 대해 분명하게 인식하고 있었고 표면상으로는 아주 단순해 보이는 《웃음의 본질L'essence du rire》이라는 제목으로 아이러니(그는 아이러니를 "절대적인 익살comique absolu"이라고 불렀다)에 관한 짧은 글을 남겼다. 보들레르는 이 글을 통해 슐레겔의 이론을 극단적이고 치명적인 결과로까지 발전시켰다. "웃음은 스스로의 우월성에 대한 생각으로부터 탄생한다." 보들레르에 따르면 웃음은 스스로에 대한 예술가의 초월적인 성향으로부터 탄생한다. 본질적인 의미에서 웃음은 고대인들에게는 생소한 것이었고 우리 시대에만 고유한 것이라고 볼 수 있다. 현대의 모든 예술 현상은 예술가 안에 존재하는 "항구적인 이중성, 스스로인 동시에 타자일 수 있는 능력에 기초한다. (……) 예술가는 이중적으로 존재한다는 조건하에서만, 스스로의 이중적 본질로부터 파생하는 어떤 현상도 무시하지 않는다는 조건하에서만 예술가로 존재한다".6

이 이중화의 필연적인 결과가 바로 웃음이다. 무한한 분열을 통해 예술가는 극단적인 위협에 노출되고 결국에는 매튜린Maturin의 소설에 등장하는 멜모스Melmoth를 닮아간다. 멜모스는 악마와의 결탁을 통해 얻은 스스로의 우월성으로부터 결코 벗어날 수 없는 운명에 처해 있다. 멜모스와 마찬가지로 예술가는 "하나의 살아 있는 모순이다. 그는 삶의 기본적인 조건으로부터 벗어나 있다. 그의 신체 기관들은 더 이상 그의 생각을 견디지 못한다".[7]

헤겔은 아이러니가 지니고 있는 이러한 파괴의 소명에 대해 분명하게 파악하고 있었다.《미학 강의》를 통해 슐레겔의 이론을 분석하면서 헤겔은 모든 내용과 확실성의 총체적인 파괴 속에서 주체가 스스로와 관계하는 방식, 즉 스스로에 대한 의식을 획득하기 위해 기용하는 극단적인 방식을 분명하게 목격했을 뿐만 아니라 동시에 아이러니가 파괴의 과정 속에서 외부 세계에 머물러 있을 수 없으며, 부정하는 바를 아이러니 자체에 숙명적으로 떠맡길 수밖에 없다는 것을 깨달았다. 창조를 위한 무 위로 신처럼 떠오르는 예술의 주체는 이제 부정의 원칙 자체를 파괴하면서 부정을 위한 자신의 작품을 완성한다. 예술의 주체는 스스로를 파괴하는 신과 같다. 이러한 아이러니의 운명을 정의 내리기 위해 헤겔은 "스스로를 파괴하는 무ein Nichtiges, ein sich Vernichtendes "[8]라는 표현을 사용했다. 예술의 운명이 극단적인 한계에 도달했을 때, 예술이 지어 보이는 미소의 황혼 속에서 모든 신이 사라져가는 순간, 예술은 오로지 스스로를 부인하는 부정, 스스로를 파괴하는 무에 지나지 않는다.

이제 우리는 예술이 스스로를 넘어선다는 것이 과연 무엇을 의미하는가라는 질문에, 예술은 죽지 않고 스스로를 파괴하는 무가 되어 자신으로부터 영원히 살아남는다고 답할 수 있을 것이다. 원칙적으로 이중적이고 한계를 모르며 아무런 내용도 가지고 있지 않은 예술은 이제 미학의 땅이라는 불모지를 떠돌아다닌다. 예술은 스스로의 이미지를 끊임없이 반환하는 형식과 내용의 사막에서, 예술이 스스로의 확실성에 기초를 세워보겠다는 불가능한 시도를 통해 떠올린 뒤 즉각적으로 파괴해버리는 이 형식과 내용의 사막에서 끊임없이 방황한다. 예술의 황혼은 예술의 하루보다 더 오래 지속될 수 있다. 왜냐하면 예술의 죽음은 바로 불가능한 죽음을, 아울러 예술 작품의 본질적인 근원에서 더 이상 기준을 발견할 수 없다는 것을 의미하기 때문이다. 내용 없는 예술의 주체는 이제 도처에서 매 순간 오로지 자기 자신만을 순수한 자아의식 속에 투영된 절대적인 자유로 내세우는 부정의 순수한 힘과 일치한다. 이 내용 없는 예술의 주체 속에서 모든 내용이 심연으로 빠져드는 것과 마찬가지로 동시에 사라지는 것은 작품의 구체적인 공간, 한때 인간의 '창조'와 세상이 모두 신성함의 이미지를 통해 그들의 현실을 발견하고 인간의 지상에서의 삶이 매번 상대적인 기준을 마련할 수 있도록 허락해주던 작품의 공간이다. 창조와 형식의 원칙이 원칙 자체에게 매달려 스스로를 지탱할 때 이 순수한 지지 속에서 신성함의 영역은 빛을 잃고 후퇴한다. 헤겔이 불행한 의식의 본질적인 특징을 목격하고 니체가 광인의 입을 통해 신은 죽었다고 말하게 된 배경을 인간이 보다 직접적인 방식으로 의식하는 순간은 다름 아닌 예술의 경험을 통해 주어진다.

이러한 의식의 분열 속에 사로잡힌 예술은 죽지 않는다. 예술은 오히려 정확하게 죽음의 불가능성 속에 존재한다. 스스로를 되찾으려는 예술의 끈질기고 구체적인 노력에도 불구하고 미학과 비평의 '박물 극장'은 예술을 다시 창조 원칙의 순수하게 비본질적인 세계로 던져버린다. 예술은 스스로의 현실과 황혼을 발견하고 지켜보았던 모든 특별한 신을 이 텅 빈 자의식의 추상화된 판테온 안으로 주워 모은다. 예술의 분열은 이제 예술이 예술로 성장하는 가운데 탄생시킨 수많은 작품과 형상의 다양성 속으로 유일한 부동의 중심처럼 침투해 들어간다. 예술의 시간은 멈췄다. "그러나 그것은 사분면의 모든 시간을 포괄하는 순간에 서 있으며, 아울러 모든 시간을 끝없이 되풀이되는 한 순간에 위탁한다."[9]

이질화될 수 없는 동시에 스스로에게는 영원히 이질적인 것으로 남는 예술이 여전히 찾고 원하는 것은 고유의 계율이다. 그러나 현실 세계와의 결합이 불투명해진 만큼 예술은 현실을 도처에서 매번 다름 아닌 무로 욕망한다. 예술은 긍정적인 작품을 완성하는 법 없이 스스로의 모든 내용을 검열하는 파괴자다. 어떤 내용과도 스스로를 일치시킬 수 없기 때문이다. 이제, 순수한 부정의 힘이 되어버린 예술의 본질을 지배하는 것은 허무주의다. 예술과 허무주의의 혈연관계는 따라서 유미주의와 퇴폐주의 시학이 움직이던 지대에 비해 이루 말할 수 없이 광활한 공간을 확보한다. 예술과 허무주의의 공간은 형이상학적 여정의 극한에 도달한 서양 예술의 예측하지 못했던 토대를 시발점으로 스스로의 왕국을 펼쳐 보인다. 허무주의의 본질이 단순히 가치 체제의 전복에 있지 않고 서양 문화의 운명과 서구 역사의 비밀 속에 감추어져 있다면, 현대 예술의 숙명은 미학적 비평 혹은 언어학의 토양 위에서 결정될 수 있는 성격의 숙명은 아닐 것이다. 허무주의의 본질은, 예술에서처럼 존재가 인간에게 무의 형태로 운명 지어진다는 점에서, 운명의 극단적인 한계에 도달한 예술의 본질과 일치한다. 허무주의가 서양 역사의 흐름을 은밀하게 지배하는 이상 예술은 스스로의 끝없는 황혼으로부터 탈출할 수 없을 것이다.

1   플라톤,《국가》, 607b.

2   헤겔,《미학 강의》, Merker 엮음, 14~16쪽.

3   하이데거, 〈예술 작품의 기원〉,《숲속의 길》, 67쪽.

4   앞의 책, 120쪽.

5   같은 책, 679쪽.

6   보들레르,《웃음의 본질》, §3, §6.

7   같은 책, §3.

8   헤겔, 앞의 책, 70쪽.

9   조반니 우르바니, '전시회 카탈로그Catalogo della mostra', *Vacchi*, Roma, 1962.

7장

하나의 얼굴로 드러나는 결핍

'예술의 죽음'이 작품의 실질적인 차원에 도달할 수 없는 예술의 무기력함을 가리킨다면, 우리 시대에 예술이 처한 위기는 사실상 시의 위기, 포이에시스poiēsis의 위기일 것이다. 여기서 포이에시스, 시는 여러 종류의 예술 가운데 하나를 가리키는 것이 아니라 인간의 제작 행위 자체를 의미한다. 다시 말해, 오늘날 기술을 바탕으로 하는 제작 활동과 산업 활동을 통해 범지구적인 차원에서 그 힘을 발휘하고 있고, 따라서 예술적인 제작 행위는 하나의 고차원적인 예에 불과한 생산 활동의 이름이 곧 포이에시스다. 여기서 예술의 운명에 관한 질문이 확보하는 영역은 포이에시스의 전 영역과 총체적인 차원에서 인간의 생-산* 활동이 근본적인 방

---

* 아감벤은 원문에서 생산을 뜻하는 단어 produzione를 두 가지 형태로 구분해서 표기한다. Pro-duzione는 포이에시스의 본질적인 성격을 가리키기 위해, 즉 '현존 속으로의 도입'이라는 의미를 함축하는 용어로, 반면에 produzione는 기술적인 차원의 생산을 가리

식으로 문제시되는 영역이다. 노동의 형태를 취하는 생-산 행위는 지상에서 살아가는 인간의 위상을 도처에서 실천을 바탕으로, 즉 물질적인 삶의 산출을 바탕으로 결정짓는다. 한때 마르크스가 인간의 조건과 역사를 성찰하던 방식이 여전히 그대로 적용될 수 있는 것은 바로 현대인이 '육체노동과 정신노동의 굴욕적인 분리'를 경험하면서 이 포이에시스의 이질화된 본질 속에 스스로의 뿌리를 내렸기 때문이다. 그렇다면, 포이에시스, 시란 과연 무엇을 뜻하는가? 인간이 지상에서 시적인, 다시 말해 생-산적인 양태를 지닌다는 말은 무슨 뜻인가?

《향연》의 한 문장에서 플라톤은 포이에시스라는 단어가 원래 무슨 뜻이었는지 전하면서, 하나의 사물을 부재의 상황에서 존재의 상황으로 이끄는 모든 종류의 요인을 포이에시스라고 정의한다.[1] 무언가가 생-산될 때마다, 하나의 사물이 어두움과 부재에서 현존이라는 빛 속으로 도입될 때마다 포이에시스, 시, 생-산이 성립된다. 포이에시스라는 용어가 가지고 있는 이러한 방대하고 원천적인 의미를 토대로, 모든 예술은, 언어를 사용하는 예술을 포함해서, 현존이라는 형태를 취하는 생-산이라고 할 수 있다. 그뿐만 아니라 하나의 물체를 만들어내는 기술자의 활동 역시 포이에시스라고 할 수 있다. 자연physis 역시, 그 속에서

키는 용어로 사용한다. 번역문에서도 전자의 경우 '생-산'으로, 후자의 경우 '생산'으로 표기했다.

모든 것이 자연스럽게 현존 안으로 진입하는 만큼 포이에시스의 성격을 지니고 있다.

하지만 아리스토텔레스는 《물리학》 2권에서, 자연적$_{physei}$으로 내부에 고유의 원형$_{arch\bar{e}}$을 가지고 있는 것, 즉 현존에 스스로를 진입시키는 시발점과 원리를 내부에 고수하는 것과, 이와는 달리 외부적인 요인에 의존하기 때문에 고유의 원칙을 내부가 아닌 인간의 생-산 활동 속에서 발견해야 하는 것이 있다고 명확하게 구분하고 있다.[2] 그리스인들은 이 두 번째 장르의 사물들이 '기술을 시발점으로 삼아$_{apo\ techn\bar{e}s}$' 현존에 진입한다는 표현을 사용했고 기술을 뜻하는 이 테크네$_{techn\bar{e}}$라는 용어는 공구나 항아리를 만드는 장인의 활동뿐만 아니라 시를 쓰거나 조각 작품을 만드는 예술가의 활동 모두를 지칭하는 말이었다. 이 두 가지 형태의 생산 활동 모두 포이에시스의 한 장르, 즉 현존에 진입하는 생-산의 한 장르라는 본질적인 특징을 가지고 있었다. 이들을 모두 자연으로부터, 즉 현존에 스스로 진입하는 원칙을 고수하는 것으로부터 구분해주는 동시에 자연과 다시 연결해주는 역할을 하는 것이 바로 포이에시스적인, 즉 시적인 성격이다. 반면에, 아리스토텔레스에 따르면, 포이에시스에 의해 주도되는 생-산은 항상 하나의 형식 속에$_{morph\bar{e}\ kai\ eidos}$ 배치되는 성격을 가지고 있다. 이는 부재의 상황에서 존재의 상황으로 옮겨간다는 것이 결국은 하나의 모양새, 하나의 형식을 취한다는 것을 의미한다. 왜냐하면, 다름 아닌 형식 속에서 형식을 기초로 할 때에만 생산된 것이 현존 속으로 진입하기 때문이다.

이제 고대 그리스에서 우리 시대로 시선을 돌려보면, 테크네와 같이 비자연적인 것들_{mē physei onta}의 통일적인 위상에 금이 가있다는 것을 발견하게 된다. 1차 산업혁명을 계기로 18세기 후반부터 시작된 기술의 발전과, 아울러 이와 함께 또렷하게 드러난 노동의 지속적이고 이질적인 분리 현상으로 인해 인간이 생산해낸 사물들의 현존 방식과 양태는 사실상 이중화되는 경향을 보인다. 한편에는 미학적인 기준에 따라 현존에 진입하는 사물, 즉 예술 작품이 있고 다른 한편에는 기술적인 기준에 따라 현존에 진입하는 사물, 즉 생산품이 있다. 예술 작품이 점유하고 있는 특별한 위상은 (내부에 고유의 원형을 가지고 있지 않은 사물들의 영역 안에서) 미학의 태동기에서부터, 독창성_{originality}(혹은 정통성)에 달린 것으로 인식되었다.

독창성이란 무엇을 뜻하는가? 우리가 어떤 예술 작품이 독창적이라고 이야기할 때는 그것이 단순히 유일무이한 작품이며 다른 모든 작품과 대별된다는 점만 가리키는 것은 아니다. 독창성이란 기원_{origin}과의 근접성을 의미한다. 예술 작품이 독창적인 것은 스스로의 기원과, 즉 원형과 특별한 관계를 유지하기 때문이다. 이는 곧 작품이 원형에서 유래했고 그것에 순응할 뿐만 아니라 영원히 원형과 가까운 곳에 위치한다는 것을 의미한다.

독창성이란, 다시 말해 예술 작품이(포이에시스적인 특징을 가지고 있는 만큼 하나의 형식에서 출발해 형식으로 현존하도록 생-산된 작품) 스스로의 형식적인 원칙과 밀접한 관계를 유지하면서 작품의 현존화가 어떤 식으로든 재생될 수 있는 가능성을 배재한다는 것을 의미하며, 이는 반복될 수 없는 미적 창작 행위를 통해 형식이 현존 속에 스스로를 생-산해내는 것과 같은 인상을 준다.

기술을 기준으로 현존에 진입하는 사물들의 경우에는 반대로 진입을 지탱하고 결정하는 형식$_{eidos}$과의 이러한 긴밀한 관계가 형성되지 않는다. 형식의 원리, 에이도스는 만들어진 사물이 존재하기 위해 적응해야 하는 하나의 틀, 외부적 패러다임에 지나지 않지만, 포이에시스적인 행위는 무한정, 재료가 존재하는 한, 재생이 가능한 것으로 남는다. 어찌 되었든, 복제 가능성이(그런 의미에서, 기원과 비-근접성을 유지하는 패러다임적인 관계로서의 복제) 기술적 생산품의 본질적인 양태인 것처럼, 예술 작품의 본질적인 양태는 독창성(혹은 정통성)이다. 인간의 생-산 활동이 처한 이러한 이중적인 상황은, 노동의 분리 현상을 토대로, 이렇게 설명될 수 있다. 즉, 예술이 미적 판단의 영역에서 누리는 특권적인 위상은 육체노동과 정신노동이 아직 분리되지 않은 상황, 따라서 생산 활동이 여전히 고유의 완결성과 통일성을 유지하던 상황의 생존으로 해석될 수 있다. 반면에, 노동의 극단적인 분리를 토대로 이루어지는 기술적인 생산은 본질적으로 대체와 복제가 가능한 것으로 남는다.

포이에시스적인 활동의 이러한 이중성에 너무 익숙해진 나머지 우리가 쉽게 망각하는 것이 있다. 그것은 바로 예술 작품이 미학적 차원에 들어서는 사건이 그다지 멀지 않은 과거의 일이라는 것과 이 사건이 동시에 예술가들의 정신세계에 극단적인 분열을 가져왔고, 이어서 인류의 문화적인 생-산 활동에 근본적인 변화를 가져왔다는 사실이다. 이러한 이중화의 직접적인 결과로 급속하게 사라진 것들이 바로 교육학이나 수사학 같은 학문들, 공방이나 예술학교 같은 사회교육기관들, 양식의 일관성이나 도상학적 통일성 같은 예술의 구조적인 특성들, 문학 창작에 필수적이었던 비유들, 모두 다름 아닌 포이에시스의 통일적 위상을 기반으로 하던 요인들이다. 독창성의 교리는 예술가의 조건을 문자 그대로 '폭발'시키고 말았다. 예술가들의 개별적인 특성이 생생한 통일성 속에서 나타나는 동시에 공동의 틀 속에서 또렷한 형태를 갖출 수 있도록 허락해주던 공통분모의 모든 요소들은 부정적 의미의 공통분모로, 일종의 견딜 수 없는 방해꾼으로 변신했다. 현대 비평의 악령에 사로잡힌 예술가는 이 방해꾼으로부터 자유로워지거나 그에게 굴복할 수밖에 없는 상황에 놓여 있다.

이러한 변화와 함께 일어난 혁명의 열기 속에서 그것이 결국 예술가의 삶에 끼치게 될 부정적인 결과를 감지한 사람들은 극소수에 불과했고 예술가는 마침내 또렷한 사회적 위치마저도 유지하지 못하는 상황에 놓이게 되었다.

이러한 위험을 예감한 횔덜린은《오이디푸스에 관한 관찰Remarks on Oedipus》에서 머지않아 예술이 옛날처럼 직업적인 성격을 되찾아야 할 필요를 느끼게 되리라고 간파한 바 있다. "우리 시인들이 문화시민으로서의 존재를 약속받기 위해서라도, 시대와 법이 다르다는 것을 인정하고, 시를 우리들 사이에서 고대인들의 메카네mechanē의 단계로 승격시킬 필요가 있어 보인다. 그리스 예술과 비교했을 때, 다른 종류의 예술에도 역시 부족한 것은 기초의 확실성이다. 적어도 지금까지는 예술 작품이 작품의 질에 대한 분석이나 아름다움이 표현되는 방법과 과정을 기준으로 하기보다는 이들이 주는 인상을 기준으로 평가되는 것이 보통이었다. 그러나 현대시에 특별히 부족한 것은 교육과 직업의 성격이다. 다시 말해, 시의 창작 과정이 정확하게 분석되고 교육을 통해 전달될 수 있다는 점과 이를 한번 터득한 뒤에는 확실히 지속적으로 반복해서 사용할 수 있다는 점에 대한 이해가 부족한 것이다."

이제 우리가 현대 예술로 눈을 돌리면, 예술의 통일적 위상에 대한 요구가 너무 강렬해진 나머지, 적어도 가장 의미 있는 형태의 예술 작품 속에서는, 예술이 다름 아닌 포이에시스가 실행되는 두 영역의 의도적인 혼돈과 타락을 기반으로 하고 있다는 점을 목격하게 된다. 기술적 생산의 '정통성'에 대한 요구와 예술적 창작의 '복제 가능성'에 대한 요구는 두 종류의 혼합 형태, '레디메이드'와 '팝아트'를 탄생시켰다. 이 두 장르는 인간의 포이에시스적인 활동 속에 존재하는 분열을 고스란히 드러낸다.

잘 알려진 바와 같이 뒤샹은 대형 슈퍼마켓에서 누구든 쉽게 구입할 수 있는 생산품을 무작위로 취해 그것을 자연스러워 보이는 본래의 영역에서 축출해낸 뒤 일종의 무상 행위를 통해 예술의 영역에 강제로 도입시킨다. 즉, 인간의 창조 행위가 지니고 있는 이중적 위상을 비꼬듯이 비판하면서 그는 (적어도 이질화의 효과가 지속되는 짧은 순간 속에서만큼은) 생산품을 기술적인 복제와 대체가 가능한 상태에서 예술적으로 독창적이고 유일무이한 작품의 상태로 옮겨놓는다.

팝아트 역시 레디메이드와 마찬가지로 생산 활동의 이중적 위상이 보여주는 퇴폐적인 측면을 토대로 한다. 하지만 팝아트에서 문제의 현상은 어떻게 보면 거꾸로 전복되어 나타나며, 오히려 뒤샹이 렘브란트의 그림을 다림질 판으로 제안하면서 고안해냈던 리시프로컬 레디메이드와 비슷하다고 볼 수 있다. 레디-메이드가 기술 생산품의 영역에서 예술 작품의 영역으로 움직이는 반면, 팝아트는 반대로 예술 작품의 위상에서 산업 생산품의 위상으로 움직인다. 관람자는 레디메이드를 통해 기술의 양태를 토대로 존재하는 대상이 예술 작품의 잠재적인 정통성과 설명하기 힘든 방식으로 뒤섞여 등장하는 것을 목격하는 반면, 팝아트에서는 한 예술 작품이 스스로의 미적 잠재력을 벗어던지면서 아이러니하게도 산업 생산품의 위상을 취하는 것을 목격한다.

두 가지 경우 모두 이질화의 효과가 지속되는 순간을 제외하고는 한 위상에서 또 다른 위상으로 전이하는 것이 불가능하다. 복제 가능한 것은 독창적이고 유일무이한 것으로 변신할 수 없고 복제 불가능한 것이 복제되는 경우는 발생하지 않는다. 따라서 대상은 현존의 상태에 도달하지 못하고 그것의 그림자에 가려진 상태에서 존재와 부재 사이에 놓인 일종의 음산한 고성소에 머물

뿐이다. 레디메이드와 팝아트에 수수께끼 같은 성격을 부여하는 것이 바로 이러한 불가능성이다.

다시 말해, 두 가지 형식이 모두 분열을 극단적인 지점으로까지 몰고 가면서 가리키는 것은, 그런 식으로 미학을 넘어설 수 있는 지대(그러나 여전히 그림자에 가려진 채로 남아 있는 지대), 인간의 생-산 활동이 스스로와 화해할 수 있는 지대다. 그러나 어떤 경우에든 전적으로 위기에 놓이는 것은 인간의 포이에시스적인 본질, 즉 플라톤이 하나의 사물을 부재의 상황에서 존재의 상황으로 이끄는 모든 종류의 요인이라고 설명했던 포이에시스의 본질이다. 레디메이드와 팝아트 안에서는 아무것도 현존 속으로 진입하지 않는다. 예외가 있다면 그것은 어느 곳에서도 스스로의 현실을 발견하지 못하는 잠재력의 결핍뿐이다. 다시 말해, 레디메이드와 팝아트는 포이에시스의 가장 이질화된 (따라서 가장 극단적인) 형식, 결핍 자체가 현존으로 도입되는 형태를 구축한다. 이 현존하는 부재의 저물어가는 석양 앞에서 예술의 운명에 관한 질문은 이제 이런 식으로 들려온다. 하나의 새로운 포이에시스에 원천적인 방식으로 접근한다는 것은 어떻게 가능한가?

스스로의 힘을 이제는 오로지 결핍의 형태로만 (하지만 이 결핍 역시 실제로는 시의 극단적인 선물, 가장 완전하고 의미심장한 선물이라고 할 수 있다. 이 결핍 속에서 무無 자체가 현존의 부름을 받기 때문이다) 발휘하는 포이에시스의 이러한 극단적인 운명의 의미를 파악하기 위해서는 이제 작품 자체에 대해 질문을 던져볼 필요가 있다. 포이에시스가 스스로의 잠재력을 실현하는 것이 다름 아닌 작품 속에서 이루어지기 때문이다. 그렇다면 인간의 생-산 활동이 구체화되는 작품이란 과연 어떤 성격을 가지고 있는가?

아리스토텔레스에 따르면, 포이에시스에 의해 주도되는 생-산, 즉 현존으로의 진입은 (원형을 인간 속에 가지고 있는 사물들뿐만 아니라 자연적으로 존재하는 사물들도 마찬가지로) '에네르게이아$_{energheia}$', 즉 에너지의 성격을 띠고 있다. 이 단어는 흔히 '실질적인 활동' '실질적인 현실', 즉 '잠재력'의 반의어로 번역되는 것이 보통이지만 이 번역된 표현들 속에서 원래의 뉘앙스는 모호한 상태로 남아 있다. 하지만 아리스토텔레스는 동일한 개념을 가리키기 위해 자신이 고안해낸 '엔텔레케이아$_{entelecheia}$'라는 용어를 함께 사용했다. 현존 안에 들어와 현존 속에 머물면서 결국 하나의 형식 속에 안주하고 그 안에서 스스로의 완성도와 충만함을 발견하며 그런 식으로 '고유의 목표 안에서 스스로를 소유하는$_{en\ telei\ echei}$' 것이 바로 엔텔레케이아적인 것이다. 결국, '에네르게이아'는 '작품으로$_{en\ ergon}$' 실재한다는 것을 의미한다. 왜냐하면, 작품이란 곧 엔텔레케이아, 즉 현존 속에 들어와 머물면서 고유의 목적과 일치하는 고유의 형식 속에 안주하는 것이기 때문이다.

아리스토텔레스가 에네르게이아의 반의어로 보았던 뒤나미스$_{dynamis}$(라틴어의 포텐티아$_{potentia}$, 즉 '잠재력'에 해당한다)는 작품으로 실재하지 않기 때문에 아직은 스스로를 고유의 목표와 고유의 형식 속에 소유하지 못하는 것들이 현존하는 방식을 특징짓는다. 예를 들어, 목공소의 나무 막대 혹은 조각가의 작업실에 놓여 있는 하나의 대리석 덩어리가 이들을 하나의 탁상 혹은 조각상으로 만드는 포이에시스적인 행위에 대해 사용 가능한 재료로 존재하듯이, 단순한 가용성의 형태로만, ~에 어울린다는 방식으로만 존재하는 것의 특징이 바로 뒤나미스다.

작품은 포이에시스의 결과, 즉 스스로를 고유의 목적 속에 소유하는 형태의 생-산 및 위상과 일치하는 포이에시스의 결과인 만큼, 유일하게 잠재적으로만 존재한다는 것은 불가능하다. 따라서 아리스토텔레스는 이렇게 말한다. "예를 들어, 무언가가 오로지 한 침대의 가용성으로만, 잠재성dynamei으로만 존재할 뿐, 침대라는 모양새를 가지고 있지 않다면 우리는 그것이 테크네를 토대로 존재한다고는 결코 말하지 않을 것이다."[3]

이제 현대인의 포이에시스적인 활동이 지니고 있는 이중적인 상황을 고려해보면, 예술 작품이 탁월한 방식으로 고유의 목적과 일치하는 형식적 에이도스의 복제 불가능성 속에서 스스로를 소유하는 에네르게이아적인 성격을 가지고 있는 반면, 이 고유의 형식을 통해 드러나는 에네르게이아적인 위상이 기술 생산품에는 결여되어 있다는 것을 알 수 있다. 마치 기술 생산품의 가용성이 형식적 외양을 불투명하게 만드는 듯이 보이는 것이다. 물론 산업 생산품은 생산 공정의 종결과 함께 완성된다고 볼 수 있지만 고유의 원칙과 멀리 떨어져 있다는 특징이, 다시 말해 복제 가능성이, 생산품으로 하여금 고유의 목적과 일치하는 고유의 형식 속에서 스스로를 소유하지 못하고 그런 식으로 영원히 잠재적인 상태에 머물도록 만든다. 현존에의 진입은 예술 작품 속에서 에네르게이아의 성격, 즉 작품으로 실재한다는 성격을 지니는 반면, 산업 생산품 속에서는 뒤나미스의 성격, 무언가를 위한 가용성의 성격을 지닌다(이러한 상황은 산업 공정에 의해 제작된 물건을 흔히 '작품' 대신 '생산품'이라고 부르는 것에서 느낄 수 있다).

그러나 이것이 정말 미적 차원에서 바라본 예술 작품의 에네르게이아적인 위상, 생동하는 위상인가? 예술 작품과 우리의 관계가 취향을 도구로 하는 단순한 미적 쾌락으로 하락한 뒤, 예술 작품 자체의 위상은 우리도 모르는 사이에 변질되고 말았다. 관람자들의 미적 향유가 언제나 가능하도록 박물관과 미술관이 예술 작품들을 대량으로 소장하고 수집하는 모습은 식량과 상품들이 대형 슈퍼마켓 창고에 쌓이는 것과 비슷하다. 오늘날 도처에서 생산되고 전시되는 것이 바로 예술 작품이다. 예술 작품의 생동하는 측면, 즉 작품이 작품으로서 실재한다는 특징은 사라지고, 대신에 아름다움이 주는 감동의 자극적인 성격, 즉 단순한 수단으로서의 미적 향유가 그 자리를 차지했다. 미적 향유를 위한 가용성의 잠재적인dynamis 성격은 최종 단계의 예술 작품이 고유의 형식 속에서 유지하는 생동감을 현저하게 감소시킨다. 그러나 이것이 사실이라면, 미적 차원에서의 예술 작품 역시 기술 생산품과 마찬가지로 잠재적인 성격, 무언가를 위한 가용성의 성격을 지니고 있다고 말할 수 있다. 인간의 생산 활동이 가지고 있던 통일적인 위상의 이중화는 사실상 에네르게이아의 영역으로부터 뒤나미스로의 전이, 예술 작품의 실재하는 단계로부터 순수한 잠재력으로의 전이를 의미한다.

예술 작품의 생동하는 위상 대신 잠재적인 위상을 토대로 하는 열린 예술, 퍼포먼스work-in-progress 예술의 시학이 태동하는 순간은 예술 작품이 스스로의 본질로부터 망명하는 극단적인 순간, 즉 예술 작품이 순수한 잠재력으로, 하나의 자체적인 가용성으로 변신한 뒤 스스로를 고유의 한계 속에서 소유할 수 없다는 불가능성을 의식적으로 받아들이는 순간과 일치한다. 열린 예술 작품이란 고유의 목적과 일치하는 고유의 형식 속에서 스스로를 소유하지 못하는 작품, 작품으로는 결코 실재하지 않는 작품, 다시 말해 (예술이 곧 에네르게이아라는 것이 사실이라면) 작품이 아닌 작품, 뒤나미스, 가용성, 잠재력 같은 것들을 의미한다. 열린 예술 작품은 바로 무언가를 위한 가용성의 형태로 존재하기 때문에, 아울러 어떤 식으로든 미적 향유를 위한 순수한 가용성으로서의 예술 작품이 지니는 미학적 위상을 토대로 하기 때문에, 미학의 극복이 아니라 미학이 완성되는 한 형식을 구축할 뿐이다. 미학의 저편을 가리키기 위해 열린 작품은 오로지 부정적인 방식만을 취할 수 있을 뿐이다.

마찬가지로 레디메이드와 팝아트 역시 (현대인의 생-산 활동이 지니는 이중적 위상을 퇴폐적으로 다루는 예술 장르들) 잠재력의 방식, 즉 결코 목적 속에 현존할 수 없는 잠재력의 방식을 토대로 삼는다. 그러나 예술 작품의 미적 향유, 동시에 기술 생산품의 소모로부터 벗어나면서 적어도 한순간만큼은 두 종류의 위상, 에네르게이아와 뒤나미스 모두를 유보시키기 때문에, 이들은 분열의 의식을 열린 예술 작품보다 훨씬 더 극대화시키면서 무를 향한 하나의 절대적이고 독자적인 가용성의 형태로 모습을 드러낸다. 레디메이드나 팝아트는 사실 전적으로 예술적인 창작 활동에 속하거나 전적으로 기술적인 생산 활동에 속하지 않기 때문에, 이들 안에서는 사실상 아무것도 현존하지 않는다고 말할 수 있다. 마찬가지로, 정확히 말해, 이들이 결국에는 미적 쾌락에 유용한 것도, 소모에 유용한 것도 아니기 때문에, 이들의 경우에는 가용성과 잠재력이 무를 향해 있고 그런 식으로만 목적 속에서 스스로를 소유하는 것이 가능해진다고 말할 수 있다.

무를 향한 가용성은 '작품'의 단계에 도달할 수 없음에도 불구하고 어떤 의미에서는 일종의 부정적인 현존, 실재하는 작품의 그림자라고 할 수 있다. 무를 향한 가용성은 '에네르게이아' '예술 작품'이며 이로써 우리 시대의 예술이 예술 작품의 이질화된 본질에 대해 가하는 가장 시급한 비평적 호소를 구축한다. 생산 활동의 분열, '육체노동과 정신노동의 굴욕적인 분리'는 여기서 극복되지 않고 오히려 극단적으로 자극된다. 이제 이 양분된 생-산 활동의 두 얼굴을 이들의 화해할 수 없는 반목 속에 모으고 있는 '예술적 노동'이 본래의 특권적인 위상을 자체적으로 말소시킨다는 사실에 주목해야 할 필요가 있다. 그래야만 언젠가는 이 미학과 기술의 늪지대에서 빠져나와 지상의 인간이 주도해야 할 포이에시스적인 위상에 본래의 차원을 되돌려줄 수 있을 것이다.

1   플라톤,《향연》, 205b.

2   아리스토텔레스,《물리학》, 192b.《물리학》2권에 대한 뛰어난 해석, 하이데 거의 〈아리스토텔레스 철학에서 자연의 개념과 본질에 관하여Vom Wesen und Begriff der physis. Aristoteles' Physik〉, B, I(1939)를 참조하기 바란다.《이정표 Wegmarken》, 1967, 309~371쪽.

3   같은 책, 193a.

8장

포이에시스와 프락시스

이제는 앞 장에 인용했던, "인간은 지상에서 시적인, 다시 말해 생-산적인 양태를 지니고 있다"라는 문장의 좀 더 근본적인 의미에 대해 살펴보아야 할 차례다. 현대 예술의 운명이라는 문제와 분리될 수 없는 또 하나의 문제는 생산 활동의 의미, 즉 총체적인 차원에서 인간의 '행위'가 지니는 의미의 문제다. 우리 시대는 이 생산 활동을 일종의 실천으로 이해한다. 일반적인 견해에 따르면, 인간의 모든 행위는 (예술가나 장인의 행위뿐만 아니라 노역자나 정치인의 그것까지 포함해서) 하나의 실천, 다시 말해 구체적인 효과를 가진 생산 의지의 표현이다. 그렇다면, 지상에서 인간이 생산적인 양태를 지닌다는 말은 지상에 머무는 인간의 거주 양태가 하나의 실용적인 양태라는 것을 의미한다.

우리는 모든 종류의 '행위'를 실천으로 보는 획일적인 관점에 너무나 익숙해진 나머지 인간의 행위가 다른 방식으로 이해될 수 있다는 (다른 시대에 그랬던 것처럼) 것을 쉽게 깨닫지 못한다. 우리 자신과 우리를 에워싸고 있는 현실을 판단하기 위해 필요한 거의 모든 범주를 물려준 그리스인들에게 포이에시스poiein(존재의 상태로 도입한다는 의미에서의 생-산)와 프락시스prattein(실행되는 행위)는 사실상 분명하게 구별되는 개념들이었다. 앞으로 보게 되겠지만, 프락시스praxis의 중심에는 행동을 통해 즉각적으로 표현되는 의지라는 개념이 자리 잡고 있었던 반면, 포이에시스의 중심에 자리 잡고 있던 것은 현존으로의 도입이라는 경험, 즉 그 안에서 무언가가 부재의 상황에서 존재의 상황으로 옮겨간다는 사실, 어두움의 세계에서 작품이라는 밝은 빛의 세계로 속으로 도입된다는 사실의 경험이었다. 다시 말해, 포이에시스의 본질적인 특징은 그것의 실질적이고 의도적인 과정의 측면에 있지 않고 포이에시스가 진리를 드러내는 하나의 방식이라는 측면, 즉 감추어진 것이 드러난다는 의미에서의 진리, 아-레세이아a-lētheia의 한 방식이라는 측면에서 발견된다. 인간의 '행위'를 규정하면서 이러한 구분을 몇 번에 걸쳐 이론화했던 아리스토텔레스가 프락시스보다는 포이에시스에 더 높은 위상을 부여했던 것도 사실은 포이에시스가 지니고 있는 진리와의 본질적인 근접성 때문이었다. 아리스토텔레스에 따르면, 프락시스의 뿌리는 사실 인간이 동물이라는, 즉 살아 있는 존재라는 조건 자체에 근거하는 것이었다. 다시 말해, 프락시스는 삶을 특징짓는 활동의 원리(갈망, 욕망, 자유의지 등을 총괄하는 개념으로서의 의지)에 지나지 않았다.

포이에시스나 프락시스와 동등한 차원에서 노동을 인간의 기본적인 활동 방식 중에 하나로 고려하며 그 양상을 다양한 측면에서 고찰한다는 것은 그리스인들에게 불가능한 일이었다. 삶의 다양한 요구를 충족시키기 위해 필요한 육체노동이 노예들의 몫이었기 때문이다. 그러나 이것은 그리스인들이 노동이라는 개념을 가지고 있지 않았다거나 노동의 본질을 이해하지 못했다는 것을 뜻하지는 않는다. 단지 일을 한다는 것은 필요에 굴복한다는 것을 의미했고, 이러한 굴복은 인간을 스스로의 생존을 위해 끊임없이 투쟁해야 하는 짐승과 다를 바 없는 존재로 만들어버렸기 때문에 자유로운 인간의 조건과는 전혀 어울리지 않는 것으로 간주되었다. 한나 아렌트가 정확하게 주목했던 것처럼, 고대인들이 노동을 멸시했던 이유가 노동이 노예들이 몫이었기 때문이라는 주장은 사실상 하나의 편견에 불과하다. 고대인들은 오히려 정반대로 생각했고 노예들의 존재가 필수적인 것은 생계유지를 위해 필요한 일들의 본질적으로 맹종적인 특성 때문이라고 여겼다. 어떻게 보면 그리스인들은 노동의 가장 본질적인 특징 중 하나, 즉 노동이 삶의 생물학적 과정과 직접적으로 관련된다는 사실을 꿰뚫고 있었던 셈이다. 포이에시스가 인간이 스스로에 대한 확신을 가지고 자유와 행동의 지속성을 확보할 수 있는 공간을 구축한다면, 이와는 달리 노동의 근거는 벌거벗은 인간의 생물학적 존재, 노동의 기초 생산물에 의존할 수밖에 없는 생체의 에너지와 주기적인 순환과정에 불과하다.[1]

서양 문화의 전통 속에서 인간의 '행위'를 이와 같은 삼중의 차원으로 구분하는 사고방식은 서서히 사라졌다고 보아야 한다. 그리스인들이 포이에시스라고 여기던 것을 로마인들은 하나의 행동agere 방식으로, 즉 하나의 작업을 통한 행위operari로 이해했다. 그리스인들 입장에서는 행위와 아무런 직접적인 관련도 가지고 있지 않았고 단지 현존이라는 위상의 본질적인 특징을 가리킬 뿐이었던 에르곤ergon과 에네르게이아가 로마인들에게는 [행위를 뜻하는] 악투스actus와 [실질적인 활동을 뜻하는] 악투알리타스actualitas로, 즉 행동의 차원, 모종의 효과를 기대하는 의도적인 생산의 차원으로 전이(번역)된다. 그리스도교 신학 사상은 절대적 존재를 '순수 행위actus purus'*와 일치시킴으로써 서구 형이상학에 존재를 실효성과 행위로 보는 해석을 도입했고 이 도입과정이 근대에 들어와 완성되었을 때 포이에시스와 프락시스, 생-산과 행위를 구별할 수 있는 모든 가능성은 사라지고 말았다. 이제 인간의 '행위'는 생산 행위의 실질적인 효과에 의해('작업하다operari'의 '작품opus' '실행하다facere'의 '사실factum' '행동하다agere'의 '행위actus') 결정되며 행위의 가치는 그 안에서 표현되는 의지를 기준으로, 다시 말해 그것의 자유와 창조성을 기준으로 평가된다. 생-산, 현존으로의 도입을 뜻하는 포이에시스의 핵심적인 경험은 이제 '어떻게'에 대한,

---

* 교부철학에서 신의 절대적 완벽함을 지칭하기 위해 사용하던 개념이다. 신의 '순수 행위'에 비하면 피조물의 행위는 잠재력에 불과하다.

즉 사물이 생산되는 과정에 대한 관심에 자리를 빼앗긴다. 이것은 예술 작품의 차원에서 경험의 중심이, 그리스인들에게 작품의 본질이었던 것, 즉 작품 속에서 무언가가 부재의 상황에서 존재의 상황으로 도입되고 그런 식으로 진리의 공간을 열어 보이면서 인간의 삶을 위한 하나의 세계를 구축한다는 특징으로부터 예술가의 작업으로, 즉 창조적인 재능과 재능이 발휘되는 예술적 창조 과정의 특징으로 옮겨갔다는 것을 의미한다.

포이에시스와 프락시스의 이러한 합류 과정이 진행되는 동안 가장 낮은 등급의 활동이었던 '노동'은 중심적인 가치로 떠올랐고, 결국 인간의 모든 활동을 가리키는 일반적인 용어로 자리 잡았다. 존 로크가 노동이 소유의 기원이라는 점을 밝히면서 시작된 이 노동의 상승기류는 노동을 모든 부의 기원으로 승격시킨 애덤 스미스의 주장과 함께 계속되었고, 노동을 인간성 자체의 표현으로 본 마르크스 사상을 통해 절정에 이르게 된다.[2] 이 시점에서 인간의 모든 '행위'는 실천으로, 구체적인 생산 활동으로 (이론, 사상, 추상적인 관조적 사유로서의 이론과 반대되는 것으로) 해석되기 시작했고 실천 역시 노동을 기준으로, 즉 삶의 생물학적 순환에 상응하는 물질적인 삶의 생산을 기준으로 이해되기 시작했다. 바로 이 생산 행위가 오늘날 일하면서laborans 살아가는 존재animal 로서의 인간, 노동을 통해 스스로를 생산하고 지상에서의 패권을 확보하는 인간의 위상을 결정짓는다. 이제 세상 어디를 가든, 심지어 마르크스의 사상이 비난받고 거부되는 곳에서도, 인간은 생산하고 노동하는 동물이다. 예술적인 생-산 역시 창조 활동으로 변신한 뒤 실천의 영역에 발을 들여놓았다. 단지 미적 창조 혹은 상위 구조 등의 이름으로 불리는 전적으로 특이한 실천의 차원에 들어섰을 뿐이다.

이러한 변화 과정이 진행되는 동안 인간의 활동을 지배하던 전통적인 위계질서의 총체적 전복이 이루어졌음에도 불구하고 한 가지 관점만큼은 변하지 않은 채 그대로 남아 있다. 그것은 아리스토텔레스가 의지와 식욕, 생존 본능을 실천의 원리로 해석하면서 표현했던 생각, 즉 실천의 뿌리가 생물학적 존재에 있다는 생각이다. 노동이 가장 낮은 위치에서 가장 높은 위치로 승격되고, 결과적으로 포이에시스의 영역이 자취를 감춘 것은 오히려 인간의 여러 활동 가운데 신체의 생물학적 순환과 가장 직접적으로 연관되는 것이 결국에는 다름 아닌 노동이었기 때문이다.

근대에 들어와서 인간의 '행위'를 새로운 방식으로 규정하고자 했던 모든 시도는 항상 실천을 의지와 생존 본능으로 보는 해석, 즉 인간을 결론적으로 '살아 있는 존재'로 보는 삶의 해석으로 귀결되었다. 우리 시대에 인간의 '행위'를 주제로 하는 철학은 항상 생의 철학으로 남아 있다. 마르크스가 이론과 실천의 전통적인 위계질서를 전복시켰을 때에도 실천을 의지로 보는 아리스토텔레스의 의견은 변하지 않고 본래의 체계를 그대로 유지했다. 왜냐하면, 마르크스에게도 노동은 본질적으로 '노동력_{Arbeitkraft}'이었고, 그것은 갈망과 생존 본능을 지닌 '자연적이고 능동적인 존재'로서의 인간의 자연성 자체를 기초로 하는 것이었기 때문이다.

이와 마찬가지로, 미학을 초월하고 예술적인 생-산 활동에 새로운 위상을 부여하고자 했던 모든 시도는 하나같이 포이에시스와 프락시스의 구분을 은폐시키면서, 다시 말해 예술을 실천의 한 방식으로 해석하고 실천을 창조적 의지와 힘의 표현으로 해석하면서 이루어졌다. 시를 '신체 기관의 의도적이고 능동적이며 생산적인 사용'으로 본 노발리스의 생각, '스스로를 분만하는 예술 작품'으로서의 우주라는 개념 속에서 예술을 권력에의 의지와 동일한 것으로 보았던 니체의 생각, 연극을 통한 의지의 해방을 시도했던 아르토의 꿈, 이질적인 방식으로 표현되는 창조적 요구의 실질적인 실현이라는 차원에서 예술의 초월을 계획했던 상황주의자들의 생각 등은 모두 인간 활동의 본질이 의지와 생존 본능이라는 고정관념에서 비롯되었으며, 따라서 진리를 위한 공간의 기초를 이루던 예술 작품 본래의 생-산적인 양태를 망각하면서 비롯되었다고 볼 수 있다. 서양 미학의 종착 지점은 의지의 형이상학, 즉 에너지와 창조적 충동으로서의 삶의 형이상학이다.

이 의지의 형이상학은 우리가 이해하는 예술 개념 속에 너무 깊숙이 침투해버렸고, 결과적으로 어떤 첨예한 미학 비평도 미학의 기초를 구축하는 원리에 대해, 즉 예술은 곧 예술가의 창조적 의지의 표현이라는 원리에 대해 조금도 의심해볼 생각을 하지 못한다. 그런 식으로 미학 비평은 미학 내부에 남아 있다. 왜냐하면, 비평은 미학이 예술 작품을 해석할 때 토대로 삼는 두 가지 상반된 원리 가운데 하나만을, 즉 창조적 의지와 일치하는 천재성의 원리만을 극단적으로 발전시킬 뿐이기 때문이다. 그러나 그리스인들이 포이에시스와 프락시스의 구분을 통해 표현하고자 했던 것은 다름 아닌 포이에시스의 본질이 의지의 (예술은 의지를 위해 결코 필수적인 요소가 아니다) 표명과는 아무런 상관이 없다는 것이었다.

이제 우리는 포이에시스와 프락시스의 관계에 대해 질문을 던지면서, 이어지는 설명을 통해 이 관계의 변천 과정을 개괄적으로 요약하고 예술 작품이 포이에시스의 영역에서 프락시스의 영역으로 움직이며 의지의 형이상학 내부에서, 즉 삶과 창조성의 형이상학 내부에서 고유의 위상을 발견하게 되는 과정을 추적할 것이다.

1. 포이에시스는 프락시스와 전혀 다른 차원의 장르다

우리가 앞 장에서 살펴본 바와 같이, 그리스인들은 포이에시스, 즉 생-산을 포괄적으로 지칭하기 위해 '테크네'라는 단어를 사용했고 '테크니테스technitēs'라는 단어는 장인뿐만 아니라 예술가를 동시에 가리키는 유일한 용어였다. 그러나 이러한 명명법의 통일성은 어떤 식으로든 그리스인들이 생-산을 그것의 물질적이고 실용적인 측면에서부터, 예를 들어 일종의 수작업으로 고려했다는 것을 의미하지 않는다. 그리스인들이 테크네라고 부르던 것은 어떤 뜻의 실현이나 단순한 제조 작업이 아니라 반대로 진리의 한 방식, 사물을 암흑에서 현존의 상태로 '생-산'해내는 명시明示의 한 방식이었다.

다시 말해, 테크네는 그리스인들에게 나타나게 한다는 의미, 포이에시스, 현존으로의 생-산이라는 의미를 가지고 있었다. 하지만 이 생-산은 어떤 행위, 어떤 제조 행위를 토대로 하지 않고 하나의 뇨시스gnosis(하나의 앎)³을 토대로 하는 개념이다. 생-산(포이에시스, 테크네)과 실천(프락시스)은 그리스인들에게는 결코 동일한 것이 아니었다.

《니코마코스 윤리학》에서 아리스토텔레스는 영혼이 진실에 도달하는 경로의 '성향'들을 분류하면서 포이에시스와 프락시스를 분명하게 구분하고 있다(6권, 2장, 40b). "실천이라는 장르는 생-산이라는 장르와는 다르다. 사실 생-산의 목적은 생산 자체와는 별개의 것이다. 하지만 실천의 목적은 실천 자체와 다를 수 없다. 예를 들어, 훌륭한 행동은 그 자체로 하나의 목적이 된다."

생-산의 본질은, 그리스인들의 사고방식을 그대로 따르면, 현존의 상태로 무언가를 가져오는 데 있다(그런 이유에서 아리스토텔레스는 모든 예술이 기원을 부여하는 일과 연관된다고 말한다). 따라서 생-산은 필연적으로 외부에 고유의 목적telos과 고유의 한계peras를 가지고 있으며(telos와 peras는 그리스어로 동일한 것을 의미했다.《형이상학》, 4권, 1022b), 이들은 생산이라는 행위 자체와는 일치하지 않는다. 다시 말해, 그리스인들은 미학에 길들여진 우리와는 정반대로 생산과 예술 작품을 생각했다. 포이에시스는 그 자체로 하나의 목적이 아니며 내부에 스스로의 한계도 지니고 있지 않았다. 왜냐하면 행동$_{praxis}$의 경우 행동 자체가 현존으로 도입되면서 행위$_{prakton}$가 되지만, 이와는 달리 포이에시스의 경우 포이에시스 자체가 작품을 통해 현존으로 도입되는 것은 아니기 때문이다. 예술 작품은 사실상 제조 작업의 결과나 어떤 행동의 결과, 행위가 아니라, 작품을 현존으로 생-산한 원리와 본질적으로 다른$_{eteron}$ 무엇이다. 예술이 미적 차원에 들어서게 되는 것은 오로지 예술 자체가 프락시스의 영역 안으로 진입하기 위해 이미 생-산의 영역에서, 포이에시스의 영역에서 벗어났기 때문에 가능한 일이다.

그러나 '생산$_{poiein}$'과 '실천$_{prattein}$'이 그리스인들에게 동일한 것이 아니었다면, '프락시스'의 본질은 과연 무엇인가?

프락시스는 지나가다는 뜻의 peiro에서 유래했고, 어원을 추적해보면 pera(무언가를 넘어서), poros(연결 통로, 문), peras(한계)와 연결되어 있다. 프락시스는 무언가를 가로지르다는 의미와 함께 한계에까지 연결되어 있는 통로라는 의미를 지니고 있다. Peras는 여기서 끝, 종결, 극단적인 지점$_{to\ telos\ ekastu}$(《형이상학》, 5권, 1022a), 움직임이나 행동의 진행 방향이 목표로 삼는 지점을 의미한다. 이 페라스라는 용어는, 앞에서 살펴본 것처럼, (말이 내포하는) 행동의 외부에 있지 않고 행동 자체 안에 있는 (행동하는) 말이다. 어원을 고려했을 때 페라스에 상응하는 단어 '경험$_{ex-per-ientia}$'은 행위가 행위를 통해 무언가를 가로지른다는 동일한 뜻을 내포하고 있다. '경험'을 가리키는 그리스어 empeiria는 사실 praxis와 동일한 어원을 가지고 있다. 어원을 고려하면 per, peiro, peras는 모두 같은 단어라고 할 수 있다.

아리스토텔레스는 경험과 실천 사이에 밀접한 관계가 있음을 알리면서 다음과 같이 말한다. "실천to prattein이라면, 경험이 테크네에 비해 열등하다고 할 수 없다. 테크네가 보편적인 것에 대한 지식인 반면, 경험은 특수한 것에 대한 지식이며, 실천이 바로 특수한 것과 관계하기 때문이다."(《형이상학》, 1권, 981a, 14) 같은 문단에서 아리스토텔레스는 동물이 인상을 받고 기억하는 능력fantasiasi kai mnēmē을 가지고 있지만 경험이 무엇인지 모르는 반면 인간은 경험에 익숙하고 덕분에 학문과 예술epistēmē kai technē을 가지고 있다고 말한다. 아리스토텔레스는 계속해서 경험이 예술과 상당히 닮았지만 본질적으로는 다르다고 말한다. "그래서, 칼리아가 이 병 혹은 저 병을 앓고 있을 때 그에게 이 약 혹은 저 약이 유용할 것인지를 판단하는 것, 이어서 동일한 기준을 소크라테스나 개별적으로 선택된 다른 인간들에게도 적용할 수 있는지 판단하는 것이 바로 경험이다. 그러나 어떤 약이 어떤 일정한 병을 앓고 있는 모든 인간에게 (하나의 부류로 고려된 인간에게) 유용할 것인지 판단하는 것, 그것은 예술technē이다." 이와 유사한 방식으로 아리스토텔레스는 실천적인 지식의 특징에 대해 설명하면서, 이론의 대상은 진실인 반면 실천의 대상은 행위이며(《형이상학》, 2권,

993b) "그 이유는, 실용주의자들이 어떤 사물의 '어떻게'를 탐구할 때에도 영원불변하는 측면이 아니라 상대적이고$_{pros\ ti}$ 즉각적인$_{nyn}$ 측면을 바라보기 때문"이라고 말한다. 모든 지적 활동이 실용적이거나 생산적·이론적이라면$_{pasa\ dianoia\ \bar{e}\ praktik\bar{e}\ h\bar{e}\ poi\bar{e}tik\bar{e}\ h\bar{e}\ the\bar{o}retik\bar{e}}$, 경험은 실용적 지성$_{dianoia\ praktik\bar{e},\ nous\ praktikos}$, 하나의 이런저런 행위를 규정할 수 있는 능력을 의미한다(《형이상학》, 5권, 1025b). 인간만이 '경험할 수 있는' 능력을 가지고 있다는 것은 어찌 되었든 인간만이 스스로의 행위를 결정할 수 있다는 것을, 다시 말해 행위를 '가로지르면서' 실천할 수 있는 능력, 행위의 한계에까지 가로질러 갈 수 있는 능력을 보유하고 있다는 것을 의미한다(여기서 소유격 '행위의'는 목적격, 동시에 주격의 의미를 내포한다).

empeiria와 praxis, 경험과 실천은 어찌 되었든 동일한 과정에 속한다. 경험은 실용적 지성이다. 하지만 그렇다면 이 과정 내부에서 이들은 어떤 관계를 유지하는가? 다시 말해, 경험과 실천 모두를 결정하는 원리는 무엇인가? 아리스토텔레스가 《영혼에 관하여》의 결론 부분에서 제시한 대답은 서양철학이 실천과 인간의 활동으로 간주한 모든 것에 결정적인 영향을 끼쳤다.

아리스토텔레스는 《영혼에 관하여》에서 살아가는 존재의 특징으로 스스로 움직인다는 점을 꼽았다. 실천이란 인간의, 곧 살아가는 존재의 움직임을 말한다.

실천의 동적 원리는 무엇인가라는 문제의 답을 모색하면서 아리스토텔레스는 이렇게 말한다. "의지$_{orexis}$ 역시 나름대로 이유를 가지고 있다. 의지의 대상이 바로 실용적 지성을 움직이는 원리이며_{archē tu praktiku nu} 실용적 지성이 바로 실천을 움직이는 원리다_{archē tēs praxeōs}. 따라서 의지와 실용적 지성이 모두 움직이는 듯이 보이는 것은 지극히 당연한 일이다. 의지의 대상은 사실상 움직이며 실용적 지성 역시, 의지의 대상을 원리_{archē}로 하는 만큼, 움직인다. (……) 그러나 사실 지성은 의지 없이는 움직이지 않는다. 결단력을 지닌 자유의지_{bulēsis} 역시 일종의 의지이기 때문이다. 사람들이 이성에 따라 움직인다는 것은 동시에 자유의지에 따라 움직인다는 것을 의미한다. (……) 어찌 되었든 분명한 것은 움직임을 주도하는 영혼의 힘이 의지라는 사실이다."(3권, 4333a)

실용적 지성으로서의 실천을 결정짓는 원리는 여하튼 의지, 즉 욕구_{epithymia}와 욕망_{thymos}, 자유의지를 포함하는 넓은 의미에서의 의지다. 인간이 실천할 수 있는 힘을 지니고 있다는 것은 인간이 자신의 행위를 욕망하고 그것을 원하면서 그것의 한계지점까지 가로질러 갈 수 있다는 것을 의미한다. 실천은 곧 의지에 의해 움직여 행위의 한계에까지 가로질러 간다는 것, 즉 의도된 행위를 의미한다.

그러나 의지는 단순한 동력이라고 할 수 없다. 의지는 부동의 동력이 아니다. 의지는 움직이게 할 뿐만 아니라 움직인다_{kinei kai kineitai}. 의지는 그 자체로 하나의 움직임이다_{kinēsis tis}. 다시 말해, 의지는 단순히 실천의 원동력, 즉 실천이 출발의 기점으로 삼는 동적 원리로만 존재하는 것이 아니라 행위가 현존으로 진입하는 과

정의 시작부터 끝까지 그것을 가로지르면서 떠받치는 역할을 한다. 행위를 통해 움직이며 스스로의 한계에까지 도달하는 것이 의지다. 실천은 한계에 도달할 때까지 고유의 순환과정을 밟고 가로지르는 의지를 말한다. 프락시스는 곧 오렉시스, 즉 의지와 욕망이다.

이렇게 의지로 정의된 실천은 그리스인들에게 포이에시스, 생-산과는 전적으로 다른 것이었다. 포이에시스가 고유의 한계를 스스로의 바깥에 지니고 있고, 따라서 생-산적이며 스스로와 다른 무언가의 원형적 기원이 되는 반면, 실천의 기원이 되며 행위를 통해 한계에 도달하는 의지는 고유의 순환과정 속에 갇혀 있을 뿐이다. 의지가 행위를 통해 원하는 것은 단 한 가지, 의지 자체이며, 그런 차원에서 의지는 생-산적이지 않으며 현존의 상태로 의지 자체를 인도할 뿐이다.

2. 시는 신체 기관의 의도적이고 능동적이며 생산적인 활용에 지나지 않는다

실천을 의지로 보는 아리스토텔레스의 해석은 서구 사상사를 시작부터 끝까지 가로지르며 지대한 영향력을 발휘했다. 앞서 살펴본 것처럼, 이 역사의 흐름 속에서 에네르게이아는 악투알리타스actualitas, 즉 효과와 현실로 변모했고 악투알리타스의 본질은 일관적으로 행동, 행위로 이해되었다. 이 행동의 본질은 이어서 의지와 실용적 사고nous praktikos, 즉 의지와 표상의 상호 보완적 관계라는 아리스토텔레스의 개념을 모델로 해석되었다. 그런 식으로 라이프니츠는 모나드의 존재를 원시적이고 능동적인 힘vis primitiva activa으로 보았고, 행동을 지각perceptio과 욕구appetitus의 결합, 즉 지각 능력과 의지의 결합이라고 생각했다. 칸트와 피히테는 이성을 자유로, 자유를 의지로 해석했다.

욕구와 지각 능력을 구분한 라이프니츠의 생각을 인용하면서 셸링은 이 의지의 형이상학에 하나의 공식을 제시하면서 이를 통해 예나의 젊은 낭만주의 시인들에게 적지 않은 영향력을 발휘했다.

셸링은 《인간적 자유의 본성에 관한 철학적 탐구》에서 이렇게 말한다. "가장 높은 경지의 마지막 요청 속에, 의지 외에 또 다른 존재는 있을 수 없다. 의지는 곧 근원적 존재Ur-sein이며 이 의지에 근원적 존재의 모든 수식어, 예를 들어 기초의 부재Grundlosigkeit, 영원함, 시간으로부터의 독립, 자아 확언Selbstbejahung 등이 적용된다. 모든 철학이 추구하는 것은 오로지 이 지고한 공식을 발견하는 것뿐이다."4

그러나 셸링은 의지를 절대화시키면서 이를 원형적 기원으로 구축하는 데 그치지 않고 존재를 순수한 의지, 스스로를 원하는 의지로 규정하기에 이른다. 이 '의지를 위한 의지'가 바로 '원천적인 토대Ur-grund' 혹은 '토대의 부재Un-grund', 어두운 무형의 심연, 모든 반목에 앞서 존재하며 실존의 상태로 진입하기 위해 절대적으로 필요한 '존재에의 갈망'이다.

그는 이렇게 말한다. "태초에 정신은, 이 말의 가장 광범위한 의미를 고려했을 때, 이론적인 성격과는 거리가 먼 것이었다. (⋯⋯) 태초에 그것은 오히려 하나의 의지, 유일하게 의지를 위한 의지, 무언가를 원하지 않고 스스로만 원하는 의지였다."

이 원천적인 심연의 경험에 참여할 뿐만 아니라 이를 정신적 존재로 경험하는 인간의 존재가 바로 '중심 존재Zentralwesen', 신과 자연의 중재자다. "그는 자연의 구속자, 그를 앞선 모든 피조물이 바라는 구속자다."⁵

이런 식으로 인간을 자연의 구속자나 메시아로 보는 관점은 노발리스에 의해 학문과 예술, 그리고 인간의 모든 활동을 자연의 '성장 과정Bildung'으로 보는 해석의 형태로 발전했다. 노발리스는 그런 의미에서 마르크스의 사상을, 또 어떤 의미에서는 니체의 사상을 예고했다고도 볼 수 있다. 노발리스의 계획은 인류에게 사유하는 정신의 힘을 보여주었던 피히테의 관념주의를 뛰어넘는 것이었다.

이 초월을 노발리스는 (오십 년 뒤 마르크스와 마찬가지로) 실천의 차원에 위치시켰다. 그에게 실천은, 세상을 변화시키고 황금기의 재현을 위한 수단을 인간에게 제공하는 사유와 행동의 고차원적 통일성을 의미했다. 그는 이렇게 물었다. "피히테는 사고 기관을 능동적으로 사용하는 방법을 발견했고 가르쳤다. 하지만 그가 신체 기관 일반의 능동적인 사용법을 발견했다고 할 수 있을까?"(작품 전집, Wasmuth 엮음, 3권, fr. 1681) 노발리스는 우리가 사고 기관을 마음대로 움직이고 그 움직임을 언어 혹은 의도적인 행동으로 번역하듯, 동일한 방식으로 우리 신체와 신체의 내부 기관들을 전체적인 조화 속에서 사용할 줄 알아야 한다고 보았다. 그래야만 인간은 진정한 의미에서 자연으로부터 자유로울 수 있으며, 자신의 감각이 "자신을 위해 자신이 원하는 형태를 생산해내도록 만들 수 있고, 그래야만 결국에는, 문자 그대로, 자신의 세계에서 살아갈 수 있다". 지금까지 인간을 억압해온 '숙명'은 단순히 그의 영혼이 허락하던 게으름에 지나지 않는다. "그러나 우리의 활동 영역을 확장하고 성장하면서 우리는 우리 스스로의 운명이 될 것이다. 모든 것이 외부에서 우리를 향해 흐르는 듯이 보이는 것은 우리가 외부를 향해 흐르지 않기 때문이다. 우리는 부정적이다. 우리가 그걸 원하기 때문이다. 우리가 긍정적으로 변할수록 주변 세상은 더욱 부정적으로 변할 뿐이다. 결국 부정적인 것을 조금도 찾아볼 수 없을 때까지, 우리가 모든 면에서 모든 것이 될 때까지, 우리는 부정적이기를 원한다. 신이 원하는 것은 신들이다."(fr. 1682)

신체 기관의 능동적인 사용을 통해 '스스로를 전능한 존재로 만드는 기술'은 인간이 신체와 신체의 유기적이고 창조적인 활동을 어떻게 자기의 것으로 소화하느냐에 달렸다. "신체는 세계의 변화와 성장을 도모하기 위한 도구다. 우리는 따라서 우리의 몸을 무엇이든 할 수 있는 기관으로 만들어야 한다. 우리의 도구를 변화시킨다는 것은 세계를 변화시킨다는 것을 의미한다."(fr. 1684)

이 자기화가 실현되는 곳에서, 정신과 자연, 의지와 우연, 이론과 실천의 화해 역시 하나의 고차원적인 통일성 속에서, "절대적이며, 실질적이고 실증적인 자아" 속에서 실현될 것이다(fr. 1668).

노발리스는 이 고차원적인 실천에 시라는 이름을 부여하고 이 시에 다음과 같은 정의를 선사했다. "시는 신체 기관의 의도적이며 능동적이고 생산적인 활용이다."(fr. 1339)

1798년의 한 단상에서 노발리스는 이 고차원적인 실천의 의미가 과연 무엇인지에 대한 단서를 제공한다. "비의도적인 모든 것은 의도적으로 변해야 한다."(fr. 1686)

이론과 실천, 정신과 자연의 통일을 실현하는 시의 원리는 의지, 즉 무언가에 대한 의지가 아니라 절대적 의지, 원천적인 심연에 대한 셸링의 정의가 의미하는 대로, 의지를 향한 의지다. "나는 내가 어떤 나를 원하는지 알고 있다. 그리고 나는 내가 아는 나를 원한다. 왜냐하면 내가 원하는 것이 나의 의지이며 그것을 절대적인 방식으로 원하기 때문이다. 내 안에서 앎과 욕망은 결과적으로 완벽하게 통일되어 있다."(fr. 1670)

이 고차원적인 실천의 단계로 상승된 인간이 바로 자연의 메시아다. 그를 통해 세상은 신성한 세계와 하나가 되며 스스로에게 가장 고유한 의미를 발견한다. "인류는 우리의 천체가 지니는 가장 숭고한 의미와 일치하며 우리의 천체를 우월한 세계에 연결하는 신경선이자 그것이 하늘을 향해 들어 보이는 시선이다."

(fr. 1680)

　이 과정의 결말과 함께 세계의 미래와 인간은 절대적이고 무조건적인 의지의 순환 속에서 하나가 된다. 이 절대적 의지의 황금시대에 벌써 차라투스트라의 메시지가, 인류사의 정오에 동일한 것의 영원회귀를 가르치는 그의 메시지가 들려오는 듯하다. "일어나게 될 모든 것을 나는 원한다. 의지에 찬 침착성, 감각의 능동적인 활용을!"(fr. 1730)

3. 인간은 보편적인 방식으로 생산한다

마르크스는 인간의 존재를 생산 활동으로 간주한다. 생산이란 실천, '인간의 감각적인 활동'을 의미한다. 이 활동의 특징은 무엇인가? 마르크스에 따르면, 동물이 생존을 위한 활동과 즉각적으로 일치하는 존재인 반면, 즉 동물의 존재가 곧 동물의 활동과 고스란히 일치하는 반면 인간은 생존을 위한 활동과 혼돈되지 않으며 그것을 스스로의 실존을 위한 하나의 방편으로 삼는다. 인간은 일방적이 아닌 보편적인 방식으로 생산한다. "바로 그런 이유에서 인간은 하나의 장르에 속하는 유적 존재類的存在. Gattungswesen다."[6] 실천은 인간을 고유한 존재의 틀 안에서 구축한다. 다시 말해, 인간을 '유적 존재'로 만든다. 어찌 되었든 생산 활동은 인간을 하나의 종種에 속할 줄 아는 존재로 구축하며 인간에게 장르Gattung를 선사한다는 특징을 가지고 있다. 하지만 마르크스는 이렇게 덧붙인다. "좀 더 쉽게 말하자면, 인간은 의식적인 존재다. 즉, 자신의 삶이 그에게는 하나의 대상이다. 그것은 바로 그가 유적 존재, 하나의 유類에 속하는 존재이기 때문이다." 그렇다면, 인간은 생산하는 존재이기 때문에 유적 존재인 것이 아니라 반대로 유적 존재라는 특성이 인간을 생산자로 만든다고 할 수 있다. 이러한 본질적인 모호함은 마르크스의 생각을 통해 다시 한 번 분명하게 드러난다. "객관적인 세계를 실용적으로 창조하는 능력, 자연의 무기물을 변신시킬 수 있는 능력이 인간은 유적 존재라는 것을 재차 증명"하지만 다른 한편으로는 "인간이 처음으로 스스로를 유적 존재로 느끼는 일은 다름 아닌 객관적인 세계에 변화를 가하는 행동 속에서 일어난다".

여기서 우리는 하나의 본격적인 해석학적 순환 현상을 마주하게 된다. 생산, 즉 생존을 위한 의식적인 생산 활동은 인간을 종에 속할 줄 아는 존재로 구축하지만 다른 한편으로는 종을 구별할 줄 아는 능력만이 인간을 생산적인 존재로 만든다. 그러나 이러한 해석의 순환은 하나의 모순이라거나 치밀함의 결핍 때문이라고 볼 수 없으며 오히려 그 가운데 마르크스 사유의 본질적인 측면이 숨어 있다고 보아야 한다. 그 이유를 우리는 마르크스 스스로가 '유적인 삶Gattungsleben'과 프락시스의 상호 종속적인 관계에 대해 충분히 의식하고 있음을 보여주는 곳에서 발견하게 된다. 그는 이렇게 말한다. "노동의 목표는 곧 종으로서의 삶의 객관화다" "이질화된 노동은 인간으로부터 생산의 목표를 빼앗기 때문에 종으로서의 삶, 유적 존재로서의 실질적인 객관성_{Gattungsge-}genständlichkeit까지 빼앗아간다."[7]

'프락시스'와 '종으로서의 삶'은 상호 종속 관계에 놓여 있으며 하나의 순환 체제 속에서 서로에게 기원과 기초로서의 역할을 담당한다. 마르크스가 포이어바흐의 '직관적 유물론_{anschaude Mate-}rialismus'으로부터 멀어질 수 있었고, '감각'을 실용적인 활동, 실천으로 생각할 수 있었던 것은 오로지 그가 이 순환 체제를 사유를 통해 뼈저리게 경험했기 때문이다. 다시 말해, 이 순환 체제에 대한 사유는 정확하게 마르크스 사상의 기원이 되는 경험이었다고 할 수 있다. 그렇다면 이 Gattung, 즉 종은 무엇을 뜻하는가? 인간이 Gattungswesen, 즉 종으로서의 능력을 가진 존재라는 것은 무엇을 뜻하는가?

이 표현은 흔히 '유적 존재' 혹은 '하나의 종에 속하는 존재'로 번역되는 것이 보통이며 자연과학에서 유래해 일반적으로 통용되는 '종種' 내지 '속屬'의 의미로 이해된다. 그러나 Gattung이 단순히 '자연적 종'을 의미하지 않는다는 것은 마르크스가 Gattungswesen의 특성을 다름 아닌 인간을 동물로부터 구별해주는 특징으로 고려하고 있고, 이를 동물들의 생존 경쟁이 아닌 실천과, 즉 생존을 위한 인간의 의식적인 생산 활동과 또렷하게 연관시킨다는 점을 통해 드러난다. 인간만이 Gattungswesen이라면, 인간만이 종으로서의 능력을 가진 존재라면, 여기서 종이라는 단어는 틀림없이 자연적 종이라는 일반적인 뜻보다 훨씬 더 깊은 의미를 가지고 있을 것이다. 다시 말해, 이 말은 소리 나는 대로 읽었을 때 전달되는 내용이 아니라 이를 두고 서양철학이 성찰했던 내용과의 관계에서 읽어야만 이해될 수 있다.

몇몇 용어 설명에 집중되어 있는 아리스토텔레스의《형이상학》5권에서 종ghenos은 'ghenesis synechēs', 즉 지속적인 성격의 종으로 설명된다. 아리스토텔레스에 따르면, "인류라는 종이 존속하는 한"이라는 표현은 "인간들의 ghenesis synechēs가 존재하는 한"을 의미한다.[8] 이 ghenesis synechēs라는 표현은 '존속되는 세대'로 번역하는 것이 일반적이지만 더 옳은 이해를 위해서는 '세대'라는 단어에 '기원'이라는 더 넓은 뜻을 부여해야만, 그리고 '존속'이라는 말을 단순히 끊이지 않는다는 의미로만 이해할 것이 아니라 어원의 의미에 따라 결합 상태를 유지한다는syn-echei 뜻으로, 결합시키고 아울러 스스로 결합된다는con-tinens 의미로 해석해야 할 필요가 있다. Ghenesis synechēs는 결합 상태를 현존 속에 유지하는 기원을 의미한다. 종은 그것에 소속된 개개인의 결속 상태를 유지하는 '원천적인 지대con-tinente originale'를 (존속은 모으고 결합 상태를 유지한다는 능동적인 의미뿐만 아니라 스스로 결합된다는 재귀적 의미를 지닌다) 가리킨다.

인간이 종으로서의 능력을 가진 존재, 하나의 Gattungswesen 이라는 것은 따라서 인간에게 '결속 상태를 유지하는 하나의 원천적인 지대'가 존재한다는 것을, 즉 모든 인간 속에 즉각적이고 필연적으로 종 전체가 현존한다는 의미에서 개개인이 서로에게 결코 이방인이 아니며, 고로 인간적인 존재라는 사실을 확고히 하는 하나의 원리가 존재한다는 것을 의미한다.

바로 그런 이유에서, 마르크스는 이렇게 말한다. "인간은 하나의 Gattungswesen이다. (……) 왜냐하면 마치 현존하는 종을 대하듯이 스스로를 대하기 때문이다. 인간이 자신이 유적 존재라는 사실을 이질적으로 받아들이는 상황은 어떤 인간이 타인에게 이질적인 존재가 되는 상황, 아울러 모든 인간이 인간적인 존재 방식에 이질적인 존재가 되는 상황과 일치한다."[9]

따라서 마르크스는 '종'이라는 말을 자연적 종이 아니라, 즉 개개인의 차이점에 무관심한 일반적인 차원의 자연적 성격을 지닌 종이 아니라 (그만큼 Gattungswesen으로서의 인간적인 특성을 결정 짓는 것은 자연적인 관점이 아닌 실천, 즉 인간의 자유롭고 의식적인 활동이다) ghenesis synechēs의 능동적인 의미로, 즉 모든 개개인 속에 혹은 모든 행위 속에 인간을 인간적인 존재로 구축하고 그런 식으로 그를 타인과 함께 결속된 상태로 유지하면서 그를 보편적인 존재로 만드는 원천적인ghenesis 원리로 이해한다.

마르크스가 왜 이 '종'이라는 단어를 필요로 했고 인간은 종의 능력을 가진 존재라는 견해가 마르크스의 사유를 발전시키는 과정 속에서 그토록 중요한 역할을 했는지 이해하기 위해서는 헤겔이 《정신현상학》에서 종을 규정하고 있는 부분에까지 거슬러 올라갈 필요가 있다.

유기적인 자연의 차원에서 종이 지니는 가치, 그리고 종과 한 특정 개인과의 관계를 다루면서 헤겔은 살아 있는 하나의 독립된 피조물이 동시에 보편적 개인과 일치하는 것은 아니라고 말한다. 유기적인 삶의 보편성은 전적으로 우연적이며, 따라서 다음과 같은 삼각 구도에 비유될 수 있다. "양극의 한편에는 보편적인 혹은 종으로서의 삶이 있고 다른 한편에는 똑같이 보편적이지만 독자적이고 개인적인 차원의 삶이 있다." 그러나 양극 가운데에 위치하는 중재자, 즉 실존하는 한 개인의 구체적인 삶까지 정말 그렇다고 볼 수 없는 것은 그가 중재해야 할 양극의 실체를 소유하고 있지 않기 때문이다. 바로 그런 이유에서 '유기적인 자연'은, 헤겔에 따르면, 인간의 의식이 일반적으로 이해하는 것과는 달리 "역사를 가지고 있지 않다. 그것은 삶이라는 보편적인 측면으로부터 실존하는 존재의 독자성 속으로 곧장 추락해버린다".

그러나 헤겔 철학의 독창적인 결속력이 와해되고, 이어서 '종'과 '개인' '인간이라는 개념'과 '뼈와 살로 만들어진 인간' 사이의 화해의 문제가 청년 헤겔주의자들 혹은 좌파 헤겔주의자들의 주요 관심사로 떠올랐다. '개인'과 '종'의 중재라는 주제가 이들에게 특별한 관심을 불러일으킬 수밖에 없었던 것은 그것이 인간의 보편성을 구체적이고 실질적인 토대 위에 재구축시키는 동시에 '자연'과 '정신'의 통일성의 문제, 즉 자연적 존재로서의 인간과 인간적이고 역사적인 존재로서의 통일성의 문제를 해결해줄 수 있다고 보았기 때문이다.

1845년에 출판되었고 당시 독일 사회주의자들 사이에서 상당히 높은 평가를 받았던 소책자를 통해 모제스 헤스Moses Hess는 헤겔의 삼각 구도가 드러내는 두 가지 상반되는 개념의 화해를 도모한 '최후의 철학자들'(슈티르너Stirner와 바우어Bauer)의 시도를, 동시에 실패를, 다음과 같은 방식으로 묘사했다.

> 태양계를 발견한 천문학자와 태양계 자체를 동일한 것으로 주장하고 싶은 사람은 아무도 없을 것이다. 그러나 우리의 '최후의 철학자들'에 따르면, 자연과 역사를 이해하는 한 개인은 곧 '종' '전체'여야만 한다. 불Buhl의 정기간행물을 읽어보면 모든 인간은 곧 '국가'이자 '인류'로 간주된다. 얼마 전에는 철학자 율리우스Julius가 모든 인간은 '종'이며, '총체성' '인류', 즉 '모든 것'이라고 밝힌 바 있다. 슈티르너는 이렇게 말한다. "한 개인은 모든 자연과 일치하며 따라서 모든 종이기도 하다." 그리스도교가 존재하기 시작한 뒤로 사람들은 아버지와 아들, 신과 인간 사이의 간격을 좁히기 위해, 즉 '인간이라는 개념'과 '뼈와 살로 만들어진 인간' 사이의 차이를 말소시키기 위해 노력해왔다. 그러나 개신교가 '눈에 보이는' 교회를 제거하면서 이러한 차이를 극복하지 못했던 것처럼, (……) 마찬가지로 최후의 철학자들 역시, 보이지 않는 교회까지 제거했음에도 불구하고, 차이를 극복하는 데 성공하지 못했다. 그러나 이들은 하늘이 있던 자리에 '절대정신'을, 자아의식과 유적 존재를 가져다놓았다.[10]

마르크스가 포이어바흐를 나무라며 지적했던 것은 그가 '민 감한 존재로서의 개인'과 '종의 보편성'을 중재할 줄 몰랐다는 점, 결과적으로 이들을 추상적인 방식으로만 다루면서 존재를 오로 지 '종'으로만(Gattung임을 강조하면서), 다시 말해 '자연스러운 방식 으로 다수의 개인을 연결하는 소리 없는 내면적 보편성으로als in- nere, stumme, die vielen Individuen naturlich verbindende Allgemenheit' 고려했다는 점 이었다(포이어바흐에 관한 5번째 논제).

　　무기력한 물질적 보편성이 아니라 ghenesis로서, 원천적인 능 동적 원리로서 이해되는 인간의 종을 구축하는 중재자가, 마르크 스에게는, 바로 프락시스, 즉 인간의 생산 활동이었다. 프락시스 가 그런 의미에서 인간의 종을 구축한다는 것은 '실천'을 통해 실 행되는 생산이 동시에 '인간의 자생'이기도 하다는 것을 의미하 며, 그것이 곧 기원ghenesis으로서의 행위, 영원히 움직이고 현존하 며 인간을 고유의 종 속에 구축하고 보유하며 인간과 자연의 통 일성, 즉 자연적인 존재로서의 인간과 자연적으로 인간적인 존재 로서의 인간 사이의 통일성을 구축하는 원천적 행위라는 것을 의 미한다.

　　인간이 생산 행위를 통해 단숨에 들어서게 되는 차원은 그것 자체가 인간의 본질적인 기원이기 때문에 어떤 종류의 자연적 연 대기에도 기록될 수 없는 성격의 차원이다. 어느 순간, 신으로부 터(최초의 창조자로서의 신으로부터), 그리고 자연으로부터(인간으로 부터 전적으로 자유롭고, 동시에 인간 역시 다른 동물들과 마찬가지로 일부를 차지하는 만류로서의 자연으로부터) 자유로워진 인간은 생산 행위를 통해 스스로를 자신의 기원과 자연적 본성으로 내세운다.[11] 이 기원의 부여 행위는 동시에 근원적인 행위이며 역사에 기초를 놓는 행위, 즉 인간의 입장에서 인간의 본질이 자연으로 변하고 자연이 인간으로 변하는 과정으로서의 역사에 기초를 놓는 행위다. 이 과정의 역사, 즉 인간의 종과 자생의 역사는 '인간의 역사에 앞서 존재해온 자연을' 폐지한다. "최근에 형성된 오스트레일리아의 몇몇 산호섬을 제외하면 이 시대에 자연이라고는 더 이상 어느 곳에서도 찾아볼 수 없다." 이 역사는 역사라는, 자연과는 다른 것이라는 차원에서 스스로를 폐지하고 '인간의 진정한 자연사'로 등장한다. 역사를 사회의 동의어로 보았기 때문에, 마르크스는 사회가 (이것에 기원을 부여하는 행위가 바로 실천이다) "완성 단계에 도달한 인간과 자연의 본질적인 결속을 의미하며 자연의 진정한 의미에서의 부활이자 인간의 완성된 자연주의, 자연의 완성된 인본주의"라고 말한다. 생산을 이러한 원천적인 차원에서 생각했기 때문에, 그리고 그것의 이질화를 인류 역사의 가장 중요한 사건으로 보았기 때문에, 마르크스가 정의 내린 '실천'은 지상에서 생산적인 양태를 유지하는 존재, 즉 인간이 지닌 운명의 본질적인 지평을 획득한다. 하지만 실천을 인간의 원천적인 차원에 위치시켰음에도 불구하고 마르크스는 현대 형이상학의 영역을 뛰어넘어 생산의 본질을 다루지는 않았다.

이 시점에서 우리가 사실상 무엇이 실천과 인간의 생산 활동에 보편적인 힘을 부여하고 그런 식으로 실천을 인간의 '결속' 상태가 유지되는 원천적인 지대로 만드는지 묻는다면, 다시 말해 무엇이 동물 고유의 것이기도 한 순수한 생존경쟁으로부터 실천을 구별해주는지 묻는다면, 마르크스의 생각이 결국 우리에게 관찰을 요구하는 것은 의지의 형이상학과 그것의 기원이 되는 실천의 아리스토텔레스적인 정의, 즉 실천을 의지와 실용적 사고로 보는 관점이다.

마르크스는 인간과는 다른 동물들의 생존경쟁에 비해 실천, 프락시스는 다음과 같은 차이가 있다고 말한다. "인간은 생존을 위한 스스로의 활동을 자신의 의지와 의식의 대상으로 삼는다" "자유롭고 의식적인 활동이 바로 인간의 종적 특징이다." 의식적이라는 특징이 마르크스에게는 파생적인 특징이었지만("의식은 처음부터 하나의 사회적 산물이다") 의지의 원천적인 본질은 그것의 뿌리를 살아 있는, 따라서 자연적인 존재로서의 인간에 두고 있다. 인간이 이성, 로고스를 겸비한 생명체zōon logon echōn, animal rationale라는 아리스토텔레스의 정의 속에 필연적으로 생명체zōon에 대한 해석, 즉 그것의 원천적인 특징을(인간이라는 생명체의 경우) 갈망, 욕망, 자유의지라는 삼중적인 의미의 의지로 보는 해석이 내포되어 있었던 것과 마찬가지로 인간을 자연적으로 인간적인 존재라고 규정하는 마르크스의 정의 속에는 인간을 자연적인 존재, 살아 있는 존재로 보는 해석이 내포되어 있다.

마르크스에 따르면, 자연적인 존재로서의 인간이 지니는 특징은, 갈망Trieb과 열정Leidenschaft, Passion이다. "자연적인 존재로서, 자연적인 생명체로서의 인간은 부분적으로는 자연적인 힘natürlichen Kräften과 생존을 위한 힘Lebenskräften을 가지고 있다. 즉, 인간은 자연적으로 능동적인tätiges 존재다. 이러한 힘은 인간 속에 자질과 능력, 갈망으로 존재한다" "인간은 객관적이고 감각적인 존재, 따라서 수동적인leidendes, passivo 존재다. 그러나 이러한 수동성을 체험하기 때문에 그는 열정적인leidenschaftliches, apassionato 존재다. 인간의 본질적인 힘, 열정과 정열은 고유의 대상을 향해 힘차게 움직인다."[12]

실천의 특징인 의식적인 측면이 (독일 이상주의 내부에서) 파생적인 요소로 하락하고 실용적인 의식, 실용적인 사고로, 즉 민감한 주변 환경과의 즉각적인 관계로 이해되기 시작하면서, 결국 자연주의적인 갈망이나 열정으로 정의되는 의지는 실천의 유일하게 근원적인 특징으로 남게 되었다. 인간의 생산 활동은 기본적으로 생존을 위한 힘, 갈망, 역동성, 열정이다. 인간적이고 역사적인 존재로 이해되는 인간의 종적 특징의 본질, 실천의 본질은 그런 식으로 자연주의적 관점에서 바라본 자연적 존재로서의 인간이라는 개념 속에서 자취를 감추게 되었다. 살아 있는 생명체로서 생산하는 인간의 결속 상태를 유지하는 근원적인 지대continente originale는 의지와 일치한다. 인간적인 생산이 곧 실천이다. "인간은 보편적인 방식으로 생산한다."

4. 예술은 인간의 가장 고귀한 과제, 진정한 형이상학적 활동이다

니체의 철학 속에서 예술이 하나의 문제로 제시되는 경우는 발생하지 않는다. 그의 사상 자체가 전적으로 예술에 대한 사유이기 때문이다. '니체의 미학'이라고 부를 수 있는 것은 존재하지 않는다. 니체는 단 한순간도 미학적인 관점에서, 관람자의 감각적인 판단력을 기준으로 예술을 생각한 적이 없는 철학자다. 그럼에도 불구하고 예술을 한 창조자의 작품으로 혹은 형식적 창조의 원리로 보는 미학적 예술 개념이 고유의 형이상학적 여정 속에서 극단적인 단계에 도달하는 것은 다름 아닌 니체의 사상을 통해 일어나는 일이다. 아울러 서양 예술의 허무주의적 운명을 끝까지 파헤치는 작업이 다름 아닌 니체의 사유를 통해 이루어졌기 때문에 미학의 대상을 니체가 영원회귀와 권력에의 의지를 토대로 바라보던 드높은 경지의 예술 개념을 기준으로 인식한다는 것이 현대 미학에게는 결국 소원한 일로 남았다.

이 드높은 예술의 위상은 니체의 사상이 전개되던 가운데 일찍이 '모든 것이 징조일 뿐인' 책, 《비극의 탄생》의 서문에 이런 식으로 표현된 바 있다. "예술은 인간의 가장 고귀한 과제, 진정한 형이상학적 활동이다."

형이상학적 활동으로서 예술은 인간의 가장 고귀한 과제를 구축한다. 하지만 이 문장은, 니체에게, 예술 작품의 생산이 (문화적이고 도덕적인 관점에서) 인간의 가장 중요하고 고귀한 활동이라는 것을 의미하지 않는다. 이 문장이 말을 통해 호소하고 있는 내용은, 니체의 '모든 손님 가운데 가장 불편한 존재'가 도래하는 공간에서가 아니라면 이 문장이 뜻하는 바의 고유한 차원에서 해석될 수 없다. 이 불편한 존재에 대해 니체는 이렇게 말한다. "나는 도래하는 것, 다른 방식으로는 도래할 수 없는 것, 즉 허무주의의 도래를 묘사한다." 예술의 '가치'는, 다시 말해 '모든 가치의 탈가치화'를 통해서가 아니면 평가될 수 없다. 허무주의의 본질을 구축하는 요소로서(《권력에의 의지》, n. 2), 이 모든 가치의 탈가치화는 니체의 입장에서 두 가지 상반된 의미를 지니고 있다(《권력에의 의지》, n. 22). 한편에는 상승된 정신의 힘과 삶의 활성화에 상응하는 허무주의가 있고(니체는 이를 능동적 허무주의라고 부른다), 다른 한편으로는 삶의 빈곤화와 쇠퇴에 상응하는 허무주의가 있다(수동적 허무주의). 이러한 의미의 이중성에 상응하는 것이 바로 이와 유사한 또 하나의 대립, 즉 삶의 과도한 풍요로움으로부터 탄생하는 예술과 삶에 대한 복수의 의지로부터 탄생하는 예술 사이의 대립이다. 이러한 구분은 '낭만주의란 무엇인가?'라는 소제목이 달린 《즐거운 학문》의 370번 아포리즘을 통해 본격적인 모습을 드러낸다. 니체가 상당히 중요시하던 이 아포리즘은 몇 년 뒤 약간의 수정을 거쳐 《니체 대 바그너》에 다시 실린다.

모든 미적 가치와 관련해 이제 나는 이 기본적인 구분법을 활용한다. 모든 개별적인 경우를 고려하며 나는 이렇게 묻는다. '여기서 창조적인 힘을 발휘하는 것은 욕망인가 아니면 풍요로움인가?' 하지만 언뜻 보아서는 또 다른 종류의 구분법, 훨씬 더 명료한 구분법이 더 권장할 만한 것으로 보인다. 즉, 창조의 동기가 과연 불변하는 형태로 영원히 고정시키려는 욕망, 존재에 대한 욕망인지 아니면 파괴와 변화와 혁신과 미래와 생성에 대한 욕망인지 관찰하는 것이 차라리 나아 보이는 것이다. 하지만 좀 더 자세히 들여다보면 이 두 종류의 욕망은 모두 여전히 애매모호하고 사실은 바로 앞에서 제시한 도식, 내가 보기엔 옳은 선택이었던 도식을 기준으로 또 다른 해석이 가능하다. 파괴하고 싶은 욕망, 변화와 생성의 욕망은 풍요로운 힘, 미래를 잉태한 힘의 표현일 수 있다(이 모든 것을 표현하는 나의 용어는, 잘 알려져 있다시피, '디오니소스적'이다). 하지만 이 욕망은 동시에 잘못 태어났거나 가난하거나 실패한 사람, 따라서 지속되는 것, 모든 지속과 모든 존재 하나하나가 그의 분노를 뒤섞고 화를 불러일으키기 때문에 파괴하고 파괴할 수밖에 없는 사람의 증오일 수 있다. 이러한 격정을 이해하기 원한다면 가까이서 우리의 무정부주의자들을 관찰해보기 바란다. 영원한 것을 향한 의지도 마찬가지로 두 가지 해석을 요구한다. 이 의지는 감사와 사랑의 표현일 수 있다. 감사와 사랑에 기원을 둔 예술은 언제나 신을 찬미하는 예술이다. 루벤스의 주신찬가dithyrambic, 하피즈Hafiz의 행복에 겨운 조소, 괴테의 밝고 선의로 가득한 예술, 모든 사물에 빛과 영광을 두루 비추는 호메로스의 예술이 여기에 해당한다(여기서 내가 말하는 예술은 곧 아폴론적인 예술이다). 하지만 이 의지는 동시에 고통에 찌든 인간, 저항하는 인간, 고문당하는 인간의 폭군적인 의지일 수 있다. 그는 그에게 고유하고 가장 개인적인 것, 그에게 가장 은밀한 것, 그의 고통이 지니는 혐오스러움 속에 구속력과 강제력을 지닌 계율의 인장을, 모든 것에 복수를 가하고 모든 것에 자신의 이미지, 자신이 받는 고문의 이미지를 새겨 넣고, 강제로 찍어 누르고, 불로 지지는 계율의 인장을 각인하려 한다. 이 고통의 이미지, 이것이 바로 낭만주의적 허무주의다. 우리 문화의 운명이 최근에 목격한 이 위대한 사건, 낭만주의적 허무주의가 가장 의미심장한 형태로 드러난 것이 쇼펜하우어의 의지의 철학이나 바그너의 음악일 것이다(여기에 또 다른 허무주의, 하나의 고전적 허무주의가 있을 수 있다는 것이 나의 예감과 전망이다. 예감과 전망은 나에게서 분리될 수 없는 나만의 고유한 성향이다. '고전적'이라는 단어가 내 귀에 거슬리는 것은 사실이다. 이 단어는 너무 닳아빠졌고 무의미해져서 눈에 띄지 않는다. 나는 이 미래의 허무주의를 디오니소스적 허무주의라고 부른다. 이것은 도래하고 있다! 나는 이것이 도래하는 것을 바라보고 있다).

니체는 예술 역시 (표면의 세계와 상반되는 진리의 세계를 부정하고 파괴하는 만큼) 필연적으로 허무주의적인 색채를 띨 수밖에 없다는 점을 간파하고 있었다. 그러나 니체는 이러한 특징을 (적어도 디오니소스적인 예술의 입장에서는) 능동적인 허무주의의 표현으로 보았다. 후에 니체는 이 능동적 허무주의에 대해 이렇게 기록했다. "그만큼, 하나의 진정한 세계와 한 존재의 부정으로서, 허무주의는 하나의 신성한 사유가 될 수 있을 것이다."(《권력에의 의지》, n. 15)

1881년 니체가 《즐거운 학문》을 집필하고 있을 무렵 예술과 수동적 허무주의(여기에 상응하는 것이 바로 370번 아포리즘에서 언급되는 낭만주의적 허무주의다)의 차별화 작업은 이미 완성 단계에 도달해 있었다. 107번 아포리즘에 니체는 이렇게 기록한다. "환영과 오류를 인간의 지성과 감각의 실질적인 조건으로 인식하는 역할이 예술에 주어지지 않았다면 그러한 인식 자체가 우리에게는 참을 수 없는 것으로 남았을 것이다. 따라서 지적으로 정직하다는 것의 결과는 아마도 구토와 자살로 이어졌을 것이다." 하지만 우리가 이러한 결과를 피할 수 있도록 도와주는 정반대의 힘이 존재하며 그것이 바로 '표면을 선호하는 예술'이다. "존재는 미적 현상으로 간주될 수 있기 때문에, 우리에게 여전히 참을 만한 것으로 남아 있다. 우리에게는 예술을 통해 눈과 손이, 무엇보다도 우리 자신을 그러한 현상으로 간주할 수 있는 훌륭한 의식이 주어졌다." 그런 차원에서, 예술은 삶을 허무하게 만들려는 모든 의지와 맞서 싸우는 저항력이며 탁월한 반反그리스도교적·반불교적·반허무주의적 원리라고 할 수 있다(《권력에의 의지》, n. 853).

여기서 '예술'은 우리가 평소에 이 예술이라는 말로 가리키는 것과는 비교할 수 없을 정도로 방대한 영역의 무언가를 가리킨다. 우리가 미학과 유미주의(니체의 사상에 대한 일반적인 해석과 일치하는 사조)의 땅에 머물기를 고집하는 이상, 이 방대한 영역의 예술 개념이 가진 고유의 의미를 우리는 결코 이해할 수 없을 것이다. 니체가 인간의 가장 고귀한 형이상학적 과제를 과연 어떤 차원에 위치시키고 있는지는 '경계하자'라는 소제목의 아포리즘을 통해 살펴볼 수 있다. 우리가 이 아포리즘이 지니고 있는 고유의 음성에 귀를 기울이고 그 안에서 영원회귀를 가르치는 사람의 목소리를 들을 수 있다면, 이 아포리즘은 우리에게 예술과 권력에의 의지, 영원회귀 모두가 유일한 순환 고리를 통해 서로에게 종속되는 공간으로 비추어질 수 있을 것이다.

경계하자! 이 세계가 하나의 살아 있는 생명체라는 생각을 경계하자. 그것이 어디로 뻗어가야 한다는 말인가? 무엇에서 영양을 섭취한다는 말인가? 어떻게 성장하고 번식할 수 있다는 말인가? 대략적이지만 유기체가 무엇인지 우리는 이미 알고 있다. 그럼에도 불구하고 이 뒤늦게 나타난 지극히 파생적인 것들, 희귀하고 우연적이며 우리가 지상의 바닥에서만 인지할 수 있을 뿐인 것들을 오히려 본질적이고 보편적이며 영원한 것으로, 바로 우주를 유기체라고 믿는 자들처럼, 해석해야 한다는 말인가? 이런 것들 앞에서 나는 구역질을 느낀다. 우주가 하나의 기계라는 믿음을 경계하자. 우주는 하나의 목적을 위해 구축된 것이 결코 아니다. '기계'라는 말은 우주에 너무 높은 영예를 부여한다. 우리 이웃 별들의 공전궤도처럼 형식적으로 완성되어 있는 무언가가 보편적으로 어느 곳이든 존재한다고 가정하는 것을 경계하자.

은하수를 한번 쳐다보는 것만으로도, 세상에는 그보다 훨씬 불규칙하고 모순적인 운동이, 예를 들어 끝없이 낙하하는 직선 궤도의 별들 혹은 그와 유사한 것들이 존재할지 모른다는 생각을 하게 된다. 우리가 살고 있는 태양계는 예외에 속한다. 태양계와 이를 바탕으로 확립된 오랜 지속성이 다시금 예외 중의 예외를 가능하게 만들었다. 그것은 바로 유기체의 생성이다. 반면에 이 세계의 총체적인 성격은 영원한 혼돈이다. 필연성이 결여되어 있기 때문이라기보다는, 질서와 체계적인 분류, 형식, 아름다움, 지혜, 그밖에 인간의 심미적 본성이라고 부를 수 있는 모든 것이 안고 있는 결함 때문이다. 우리의 이성적인 관점에서 보았을 때, 실패로 돌아간 시도들은 오히려 규칙에 가깝고, 예외라는 것도 은밀한 목표라고 할 수 없다. 온 우주의 목소리가 결코 멜로디라고 할 수 없는 것을 끝없이 반복한다. 게다가 '실패로 돌아간 시도'라는 표현 자체도 비난을 내포하는 인간화에 불과하다. 하지만 어떻게 우리가 모든 것을 비난하거나 찬양할 수 있겠는가! 우주에는 감각과 이성이 부재한다고 말하거나 혹은 정반대로 이야기하는 것도 삼가야 한다. 우주는 완전하지도, 아름답지도, 고귀하지도 않으며, 그런 것이 되려고 하지도 않는다. 우주는 결코 인간을 모방하려 들지 않는다! 우리의 어떤 미학적 판단이나 도덕적 판단도 우주에 적용되지 않는다! 우주는 자기 보존 본능을 지니고 있지 않으며, 본능이라는 것 자체를 가지고 있지 않다. 우주는 법칙이라는 것도 알지 못한다. 자연의 법칙이 존재한다고 말하는 것을 경계하자. 자연에는 오직 필연이 있을 뿐이다. 자연에는 명령하는 자도, 복종하는 자도, 위반하는 자도 없다. 목적이 없다는 것을 알게 되면 우연도 없다는 것을 알게 될 것이다. '우연'이라는 말은 목적의 세계 옆에서만 의미를 지닌다. 죽음이 삶에 대립되는 것이라고 말하는 것을 경계하자. 삶은 죽음의 한 형태일 뿐이며, 그것도 매우 희귀한 형태에 지나지 않는다. 세계가 영원히 무언가를 새로이 창조한다는 생각을 경계하자. 영원히 지속되는 실체란 존재하지 않는다. 물질이라는 것도 엘레아학파의 신과 다를 바 없는 하나의 오류에 불과하다. 항상 조심스럽게 주변을 둘러보아야 하는 상황에서 우리는 언제 벗어날 수 있을까? 신의 이 모든 그림자가 우리를 어둡게 뒤덮지 않는 날은 언제 올 것인가? 우리가 완전히 탈-신격화된 자연을 누릴 수 있는 날은 언제 올 것인가? 새로이 발견된, 새로이 구원된 순수한 자연과 함께 인간의 자연화를 도모할 수 있는 날은 언제 올 것인가?

일반적으로 혼돈이란 정의상 아무런 의미 없음, 그 자체로 무의미함을 뜻한다. 세상의 총체적인 성격이 영원한 혼돈 상태와 일치한다는 말은 우리가 알고 있는 모든 것의 개념과 표상이 의미를 상실한다는 것을 뜻한다. 허무주의의 관점에서 이 문장은 곧 존재와 세계가 어떤 가치와 목적도 가지고 있지 않으며 모든 가치는 탈-가치화된다는 것을 의미한다.

"우리가 세상에 가치를 부여하기 위해 사용해왔던 목적, 통일성, 존재 같은 범주들은 다시 사라지고 말았다."(《권력에의 의지》, n. 853) 그럼에도 세상의 총체적인 성격이 영원한 혼돈 상태와 일치한다는 말은, 니체에게는, 세상에 필연성이 결여되어 있다는 것을 뜻하지 않는다. 반대로 니체의 아포리즘은 정확하게 '존재하는 것은 필연성뿐'이라고 말한다. 맹목성과 무의미는 어찌 되었든 필요한 것들이다. 혼돈은 숙명이다. 혼돈을 필연적이고 숙명적인 것으로 보는 사유 속에서 허무주의는 극단적인 형태를 취하며 이를 통해 영원회귀의 사상에 도달한다.

"이 사유가 가장 끔찍한 형태를 취했을 때를 상상해보자. 아무런 목적 없이, 아무런 의미 없이, 끝없이 무를 배회하며 불가피한 회귀를 반복하는 생존 자체로서의 영원회귀, 이것이 바로 허무주의의 극단적인 형태, 즉 영원한 무, 아무런 의미 없음의 영원함이다!"(《권력에의 의지》, n. 55)

허무주의는 영원회귀 사상을 통해 극단적인 형태를 취하지만 바로 이를 통해 허무주의 자체의 극복이 가능해지는 지대에 진입한다. 동일한 존재의 영원회귀에 대한 차라투스트라의 메시지와 완성된 허무주의는 모두 동일한 수수께끼의 일부지만 하나의 심연에 의해 격리되어 있다. 니체는 가까우면서도 동시에 헤아릴 수 없을 정도로 멀리 떨어져 있는 이것들의 관계를《이 사람을 보라》의 마지막 페이지에 이렇게 묘사하고 있다.

"차라투스트라와 같은 유형의 인물이 가지고 있는 심리적인 문제는 바로 어떻게 이제까지 긍정되어왔던 모든 것을 전례를 찾아볼 수 없을 정도로 강력하게 부정하는 그가, 그럼에도 불구하고, 부정과는 전혀 거리가 먼 정신의 소유자일 수 있는가, 어떻게 가장 무겁고 심각한 운명과 치명적인 과제를 짊어지고 있는 그가, 그럼에도 불구하고 가장 초월적이며 가장 가벼운 정신의(차라투스트라는 춤추는 자다) 소유자일 수 있는가, 어떻게 가장 깊은 심연의 사유와 현실에 대한 가장 가혹하고 끔찍한 통찰을 경험한 그가, 그럼에도 불구하고 그 사유를 통해 실존에 대해서도, 자신의 영원회귀에 대해서도 문제점을 발견하거나 회의를 느낄 줄 모르고 오히려 모든 사물을 상대로 표명된 하나의 영원한 긍정, 다시 말해 웅대하고 한계를 모르는 긍정과 아멘 자체일 수 있는 근거를 발견할 수 있는가라는 문제다."《즐거운 학문》4권을 시작하는 아포리즘은 이러한 심리적 응어리가 어떤 식으로 해소되는지 보여준다. "내가 계속해서 더 배우고 싶은 것은 사물의 필연적인 면을 그 안에 있는 가장 아름다운 것으로 보는 일이다. 그런 식으로 나는 사물을 아름답게 만드는 사람 중에 하나가 될 것이다. 운명을 사랑하라Amor fati. 이것이 지금부터는 나의 사랑이 될 것이다. (……) 언제일지 모르지만, 내가 오직 바라는 것은, 이제부터는, 긍정하는 사람이 되는 것이다."

니체에게 사랑의 본질은 곧 의지를 의미한다. 운명을 사랑한다는 것은 어떤 존재가 존재하는 그대로이기를 바라는 의지, '신이라는 악순환circulus vitiosus deus'과 다를 바 없는 '영원회귀의 순환'

에 대한 의지를 의미한다. 운명을 사랑하고 존재하는 것의 존재 자체를 원하면서 결국에는 영원회귀를 갈망하고, 가장 무거운 짐을 스스로 짊어진 채 혼돈의 세계를 긍정적으로 받아들이면서 미래의 영원한 봉인 외에 아무것도 원하지 않는 이 의지를 통해, 허무주의는 삶에 대한 극단적인 동의로 전복된다.

　어느 날 밤 혹은 낮에, 당신이 가장 외로울 때, 당신의 깊은 고독 속으로 악령이 살며시 찾아와 이렇게 말한다면 어떻게 하겠는가? "네가 지금 살고 있고, 살아왔던 이 삶을 너는 다시 한 번, 그리고 또 무수히 반복해서 살아야 할 것이다. 거기에 새로운 것이란 없으며, 모든 고통, 모든 쾌락, 모든 사상과 탄식, 네 삶의 이루 말할 수 없이 크고 작은 모든 것들이 네게 다시 돌아올 것이다. 그리고 모든 것이 같은 주기와 순서대로, 이 나무들 사이의 거미와 달빛도, 이 순간과 나 역시도 똑같은 차례로 돌아올 것이다. 존재의 영원한 모래시계가 거듭해서 뒤집히고, 모래 알갱이인 너도 모래시계와 함께 뒤집힐 것이다." 당신은 땅에 몸을 내던지고 그렇게 말하는 악령에게 이를 갈며 저주를 퍼붓지 않겠는가? 아니, 어쩌면 당신은 그를 만나는 위대한 순간을 이미 경험한 적이 있고 그래서 그에게 이렇게 대답했을지도 모른다. "당신은 신입니다. 나는 이보다 더 신성한 이야기를 들어보지 못했습니다." 만약에 이런 생각이 당신을 지배하게 된다면, 그것은 지금의 당신을 변화시키고 아마도 분쇄할 것이다. "그대는 이 삶을 다시 한 번, 그리고 무수히 반복해서 다시 살기 원하는가?"라는 질문은 어떤 경우에든 당신이 취해야 할 행동에 가장 무거운 무게로 다가올 것이다. 하지만 반대로, 당신이 당신 자신과 당신의 삶을 너무 사랑한 나머지 이 최후의 영원한 약속과 봉인 외에 더 이상 아무것도 바라지 않게 된다면?(《즐거운 학문》, 아포리즘 341)

이러한 의지와 이러한 사랑을 기반으로 스스로의 본질을 인식하는 인간, 영원회귀의 순환 속에서 이루어지는 보편적인 변화에 스스로의 존재를 조화롭게 일치시키는 인간 안에서 다름 아닌 허무주의의 극복이 이루어진다. 동시에 혼돈과 자연의 구원이 이루어지면서 그것이 곧 모든 '그랬다'를 '내가 그렇게 되기를 원했다'로 변화시킨다. 권력에의 의지와 영원회귀는 니체가 경우에 따라 마음대로 병렬시키는 '두 개'의 상반된 개념이 아니다. 이 개념들은 동일한 기원을 가지고 있으며 형이상학적으로는 동일한 것을 의미한다. '권력에의 의지'라는 표현은 삶과 생성werden, becoming을 경험하는 존재의 가장 은밀한 본질을 가리키며 '동일한 존재의 영원회귀'는 '생성의 세계를 존재의 세계로 근접시킬 수 있는 가장 극단적인 방식'의 이름이다. 그런 차원에서 니체는 자신이 생각하는 바의 본질을 다음과 같은 방식으로 표현할 수 있었다.

"요점. 생성에 존재의 성격을 각인하는 일, 이것이 가장 높은 차원의 권력에의 의지다."(《권력에의 의지》, n. 617)

형이상학적 차원에서 보았을 때 생성의 보유 의지와 일치하는 '권력에의 의지'는 영원회귀의 순환 체제를 가로지르면서 그것을 보유하고 혼돈 상태를 '그림자가 가장 짧아지는 시간', 초인의 등장을 예고하는 '위대한 정오'의 '황금 아우라'로 변신시킨다. 니체가 과연 무슨 의도로 "예술은 인간의 가장 고귀한 과제, 진정한 형이상학적 활동이다"라는 말을 남겼는지 이해하는 것은 '권력에의 의지'를 바로 이러한 차원에서 바라볼 때에만 가능해진다.

혼돈의 구원과 허무주의의 극복이라는 차원에서 예술을 단숨에 미적인 차원 바깥에 위치시킨 니체는 이제 예술을 권력에의 의지와 영원회귀의 순환이라는 관점에서 생각한다. 이 순환 속에서 예술은 명상에 잠긴 니체 앞에 인간의 본질과 보편적인 생성의 본질을 동일한 것으로 일치시키는 '권력에의 의지'의 기본적인 특징으로 나타난다. 니체는 이러한 형이상학적 운명을 지닌 인간의 위상을 바로 예술이라 부른다. 예술은 그가 '권력에의 의지'의 본질적인 특징에 부여하는 이름이다. 스스로를 세계의 도처에서 인식하는 의지, 모든 사건을 고유의 성격이 지닌 근본적인 특징으로 감지하는 의지의 표현이 니체에게는 다름 아닌 예술이다.

니체가 예술을 원천적인 형이상학적 위력으로 본다는 것, 그런 의미에서 그의 모든 사유가 다름 아닌 예술에 대한 사유라는 것은 니체가 1881년 가을에 기록한 한 아포리즘을 통해 그대로 드러난다. "우리는 한 예술 작품에 대한 경험을 항상 새롭게 쌓아

나가기를 원한다! 우리는 그런 식으로, 이 욕망의 모든 부분을 하나하나씩 키워나가는 방식으로 우리의 삶을 꾸며야 한다! 원리가 되는 개념은 바로 이것이다! 최후에 도달해야만, 존재했던 모든 것의 반복에 대한 이론이 성립될 것이다. 단지 이 이론의 태양 아래서 백 배는 더 훌륭하게 꽃피울 수 있는 무언가를 창조하려는 경향이 먼저 각인되어야 할 것이다." 니체가 "예술은 진리보다 더 높은 가치를" 지닌다거나(《권력에의 의지》, n. 853), "우리가 예술을 가지고 있는 것은 진리 앞에서 무너지지 않기 위해서"라고(《권력에의 의지》, n. 882) 이야기할 수 있었던 것은 오로지 니체가 예술을 이러한 원천적인 차원에서 생각했기 때문이다.

자연의 구원이라는 '가장 무거운' 과제를 짊어진 인간이 바로 예술의 인간이다. 창조 원리의 마지막 긴장감을 시점으로, 예술의 인간은 형식을 요구하는 무를 스스로 경험한 뒤 이 경험을 삶에 대한 극단적인 동의로, 표면의 찬양으로 전복시킨다. 이 찬양이란 바로 '생성의 영원한 기쁨, 그러나 내부에 초토화의 기쁨을 안고 있는 영원한 기쁨'을 의미한다.

스스로 권력에의 의지를 자신의 근본적인 특징으로 받아들이고 이 의지를 토대로 스스로이기를 원하는 인간이 바로 초인이다. 초인은 예술의 인간과 일치한다. 그림자가 가장 짧아지는 시간, 다시 말해 표면적인 세계와 실질적인 세계의 차이가 사라지는 시간은 동시에 '표면적인 것의 올림포스', 곧 예술 세계의 눈부신 정오의 시간이다.

우연성을 속죄하는 '인간의 가장 고귀한 과제'는 예술이 자연이 되고 동시에 자연이 예술이 되는 지점을 가리킨다. 이 극단적인 움직임 속에서, 이 혼인과 다를 바 없는 조합을 통해 결속되는 것이 바로 영원회귀의 고리, '둥근 황금빛 아우라'다. 이 황금빛 아우라 속에서 자연은 신의 그림자로부터 자유로워지고 인간은 자연으로 돌아간다.

삶의 시간이 얼마 남지 않았을 때 니체는 이런 기록을 남겼다. "파스칼은, 그리스도교 신앙 없이 인간은, 자연이나 역사와 마찬가지로, 자기 스스로에게 괴물이나 카오스가 되리라고 말했다. 우리는 이 예언을 성취시켰다."《권력에의 의지》, n. 83) 예술의 인간은 파스칼의 예언을 성취시킨 인간이며, 따라서 '괴물이며 카오스'인 인간이다. 그러나 이 괴물, 이 카오스는 신성한 얼굴과 디오니소스의 평온한 미소를 지녔다. 디오니소스는 춤을 추면서 가장 깊은 심연의 사유를 가장 고귀한 기쁨으로 전복시키는 신이다. 이 신의 이름으로 니체는 일찍이《비극의 탄생》을 통해 예술의 본질을 표현하고자 시도했다.

정신의 평정을 잃기 전 마지막 해에 니체는 집필을 계획하고 있던 저서《권력에의 의지》4장의 제목을 두고 고민하면서 여러 번에 걸쳐 생각을 바꿨다. 이 제목들을 열거하면, 허무주의의 구원, 디오니소스, 영원회귀의 철학, 철학가 디오니소스다.

그러나 스스로의 무를 끝까지 가로지른 예술의 본질 속에 지배자로 남는 것은 의지다. 예술은 '권력에의 의지'의 영원한 자생이다. 이러한 예술은 예술가의 활동으로부터뿐만 아니라 관람자의 미적 판단력과도 거리를 두면서 보편적인 생성의 기본적인 특징으로 대두된다. 1885~1886년의 한 아포리즘은 이렇게 말한다. "예술 작품이 예술가 없이, 예를 들어 하나의 육체처럼, 하나의 유기체처럼 등장하는 곳에서는 (……) 어떤 의미에서 예술가는 하나의 위대한 서막에 지나지 않는가? 세계는 스스로를 분만하는 예술 작품과 같다."[13]

1 한나 아렌트,《인간의 조건》, 1958, 1장. 작품과 행동, 노동의 구분이 아렌트
   가 이 책에서 시도한 '능동적인 삶' 분석의 중심 주제다.

2 같은 책, 3장.

3 정확히 말하자면,《니코마코스 윤리학》에서 technē를 hexis poiētikē로 보는
   아리스토텔레스의 해석 역시 다른 이야기를 하는 것은 아니다. 흔히 hexis
   poiētikē는 '생산의 양태' 내지 '생산의 특성'으로 번역하는 것이 보통이지만
   hexis는 원래 thesis의 한 장르이며 정확하게 말하자면 하나의 diathesis, 즉
   '성향'을 가리킨다.

4 프리드리히 셸링,《인간적 자유의 본성에 관한 철학적 탐구Philosophische
   Untersuchungen über das Wesen der menschlichen Freiheit》, *Sämtliche Werke*, VII,
   1860, 350쪽.

5 같은 책, 411쪽.

6 카를 마르크스,《파리 노트Pariser Manuskripte》, von Gunther Hillmann 엮음,
   1844, 57쪽.

7 같은 곳.

8 아리스토텔레스,《형이상학》, 1024a.

9 마르크스, 앞의 책, 58쪽.

10 모제스 헤스,《최후의 철학자들Die letzten Philosophen》, 1845, 이탈리아어 번
    역본,《헤겔 좌파la sinistra Hegeliana》, 1960, 21쪽.

11 따라서 신학적인 문제, 인간의 창조자로서의 신의 문제를 마르크스는 부인
    하지 않았으며 단지 어떤 무신론보다도 더 철저하게 언급을 회피했을 뿐이
    다. 마르크스는 이렇게 말한다. "무신론은 더 이상 아무런 의미가 없다. 무신
    론이란 신을 부정하는 논리이며 인간의 존재를 이 부정을 통해 제시하기 때

문이다. 반대로 사회주의는 이러한 중간개념을 필요로 하지 않는다."

12 마르크스, 앞의 책, 117~118쪽.

13 니체,《권력에의 의지》, n. 796. 여기에 제시된 니체 해석은 니체의 사상에
    대한 하이데거의 중요한 연구 없이는 불가능했을 것이다. 〈신은 죽었다는
    니체의 말〉,《숲속의 길》;《니체》, 1961.

9장

예술 작품의 원천적인 구조

"모든 것이 리듬이다. 모든 예술 작품이 하나의 유일한 리듬이듯 인간의 모든 운명은 하나의 단일한 천상의 리듬이다. 모든 것이 시를 읊는 신의 입술에 달렸을 뿐."

횔덜린은 이 문장을 우리에게 직접 남기지 않았다. 이 문장은 그의 생애에서 우리가 흔히 '광기의 해'라고 부르는 시기 (1807~1843년)에, 횔덜린이 목수 짐머의 집에 머무는 동안 자신의 방에서 더듬거리며 읊던 말을 그를 불쌍히 여긴 한 방문객, 베티나 폰 아르님Bettina von Arnim이 받아 적으면서 살아남은 글의 일부다. 그녀는 자신의 책《군데로데와의 편지Die Gunderode》에 이렇게 기록했다. "그가 남긴 말들, 그가 신의 제사장처럼 광기의 순간에 외치던 말들은 내게는 무녀의 신탁과 같았다. 틀림없이 세상의 모든 삶이 그에게는 아무런 의미가 없었을 것이다. 그것이 그를 건드리지 못했기 때문이다. (……) [그의 말은] 하나의 계시처럼 다가온다. [그로 인해] 내 생각은 광채로 충만해진다.”

휠덜린의 문장이 전하고 있는 내용은 예술 작품에 대한 어떤 철학적 탐구의 대상으로 삼기에는 지나치게 모호하고 개괄적이라는 느낌을 준다. 하지만 이 문장이 지닌 깊은 의미에 우리가 귀를 기울이기 원한다면, 다시 말해 이 문장과의 교감을 위해, 무엇보다도 이 문장을 하나의 문제로 제기할 수 있다면, 가장 먼저 떠오르는 것은 아마도 다음과 같은 질문일 것이다. 휠덜린이 예술 작품의 원천적인 특성으로 주목하는 리듬이란 과연 무엇인가?

리듬 rhythmos은 서양 사상사와 거리가 멀다고 할 수 없는 단어다. 예를 들어, 우리는 이 용어를 아리스토텔레스가 《물리학》의 가장 핵심적인 부분, 즉 2권의 시작 부분, 정확히 아리스토텔레스가 이전 세대 철학자들의 이론을 설명하고 비판한 뒤 자연을 어떻게 정의하느냐는 문제를 다루는 곳에서 만나게 된다. 여기서 아리스토텔레스가 리듬이라는 단어를 직접 언급하는 것은 아니다. 그는 부정적인 의미가 담긴 ‘to arrythmiston’, 즉 ‘그 자체로 리듬이 결여된 것’이라는 표현을 사용한다. 자연의 본질을 탐구하면서 아리스토텔레스가 인용하는 소피스트 철학자 안티폰 Antifon의 의견에 따르면, 자연은 ‘to prōton arrythmiston’, 즉 ‘그 자체로 형태와 구조를 가지고 있지 않은 것’, 모든 형태의 변화에 종속되는 세분화되지 않은 물질, 다시 말해 더 이상 쪼갤 수 없는 최초의 원소와 일치한다. 이러한 원소를 몇몇 철학자는 불에서 찾거나 흙과 공기, 물에서 발견했다.[1] 이 ‘to prōton arrythmiston’

과 반대되는 것이 바로 리듬, 즉 불변하는 기초 요소에 합류하면서 그것에 구도와 형태, 구조를 부여하는 리듬이다. 그런 차원에서 리듬은 기초적이고 세분화되지 않은 물질과 반대되는 개념의 구조, 구도[2]를 의미한다.

이러한 관점에서, 횔덜린의 문장은 모든 예술 작품이 하나의 유일한 구조와 일치한다는 의미로 읽힐 수 있고, 아울러 예술 작품의 기원을 리듬, 구조로 보는 해석이 그의 글 속에 함축되어 있다고 볼 수 있다. 이러한 판단이 틀리지 않다면, 횔덜린의 문장은 어떤 식으로든 현대 비평이 미학의 전통적인 토양을 포기하고 예술 작품의 '구조'를 탐구하기 시작하면서 들어선 길을 암시한다고 보아야 할 것이다.

하지만 정말 그런가? 섣부른 결론은 삼가기로 하자. 오늘날 인문학 분야에서 자주 인용되는 이 '구조'라는 용어의 아주 다양한 의미들을 살펴보면 이들이 전부 제롬 랄랑드Jérôme Lalande가《철학 사전》에서 제시한 바 있는 '구조'의 정의, 즉 형태심리학에서 파생된 정의를 중심으로 맴돈다는 사실을 깨닫게 된다. 랄랑드는 이렇게 설명한다. "구조라는 용어는 여러 요소의 단순한 조합과는 달리, 하나하나의 개별적인 현상이 또 다른 현상에 의존하는 방식으로 결속되면서 그런 식으로 구축되는 하나의 통일된 단위를 가리키며 따라서 이러한 현상들과의 관계를 통해서만, 관계 속에서만 의미를 지닌다."

다시 말해, 구조는 게슈탈트Gestalt와 마찬가지로, 여러 부분의 단순한 조합을 넘어서는 무언가를 포함하는 전체를 의미한다.

　이제 우리가 현대 비평에 의해 이 용어가 활용되는 방식을 좀 더 가까이서 살펴보면 이 용어 속에 하나의 실질적인 모호함이 담겨 있다는 것을 깨닫게 된다. 다시 말해, 이 구조라는 용어는 때로는 한 연구 대상의 더 이상 쪼갤 수 없는 기초 요소(기초적인 구조)를 가리키기도 하고 때로는 요소들의 합이 대상 자체(즉, 여러 요소의 단순한 조합을 넘어서는 무언가)와 일치하도록 하는 요소, 달리 말해 대상 고유의 위상과 일치하도록 만드는 요소를 가리키기도 한다.

　이러한 모호함은 이 '구조'라는 단어를 사용하는 학자들의 선입견이나 단순한 부정확함에 기인하는 것이 아니라, 사실은 일찍이 아리스토텔레스가 그의 《형이상학》 7권의 결론 부분에서 관찰한 바 있는 오래된 난해함에 기인한다. 순수한 집합sōros이 아니라 단위hen, 즉 앞에서 살펴본 의미대로의 구조에 상응하는 단위와 일치하는 하나의 전체를 여러 요소의 단순한 조합 이상의 것으로 (예를 들어, 음절 ba가 단순히 b라는 자음과 a라는 모음의 조합이 아니라 그것과는 '다른 무엇'이라는 점) 만드는 것이 과연 무엇인가라는 문제를 제기하면서, 아리스토텔레스는 이 '무언가 다른 것'을 결국 하나의 요소, 혹은 여러 요소로 구성된 하나의 단위에 불과한 것으로 보는 것이 외견상으로는 유일하게 가능한 결론이라고 관찰한 바 있다. 그러나 이 '무언가 다른 것' 역시 어떤 식으로든 존재해야 한다는 이유 때문에, 이를 사실로 받아들이면, 이제 이 해결책은 끝없이 후퇴할 수밖에 없는 상황에 놓인다. 왜냐하면 전체 자체가 이제는 여러 요소의 입장에서 전체가 아닌 또 하나의 요소로 보이고 문제의 핵심은 이제 더 이상 쪼갤 수도 없고 넘어설 수도 없는 최후의 요소를 무한히 탐색하는 것으로 변할 것이기 때문이다.[3]

하지만 바로 그렇게 생각했던 이들이 자연을 'to prōton arrythmiston', 즉 '그 자체로 형태와 구조를 가지고 있지 않은 것'으로 파악하고 이어서 기초 원소stoicheia를 찾아 나선 사상가들이었다. 특히 피타고라스학파 철학자들은 숫자arithmoi가 물질적인 동시에 비물질적이라는 독특한 특징을 가지고 있었고, 따라서 뛰어넘는다는 것이 불가능한 기초 원소로 보였기 때문에, 결국은 숫자가 모든 사물의 기원이라고 생각했다. 아리스토텔레스가 이들에게 나무랐던 것은, 이들이 숫자를 원소처럼, 다시 말해 궁극적인 요소, 최소 단위의 양자量子로 파악하는 동시에 하나의 사물을 본래의 모습과 일치하도록 만드는 무언가로, 즉 여러 요소의 합으로 존재하는 것의 원천적인 원리로 보았다는 점이다.[4]

그러나 전체가 여러 요소의 단순한 조합 이상이 되도록 하는 이 '무언가 다른 것'은 아리스토텔레스에게 근본적으로 상이한 차원의 무언가를 의미했다. 즉, 다른 요소들과 똑같은 조건으로 존재하는 요소가 아니라 (비록 최초의, 보다 보편적인 기초 요소이지만) 끝없는 분열의 영역을 포기하고 보다 본질적인 차원에 들어서야만 발견할 수 있는 무언가를 의미했다. 이 본질적인 차원을 아리스토텔레스는 '존재의 원인aitia tou einai' '본질ousia', 모든 것의 기원이 되고 모든 것을 현존 속에 보유하는 원리, 다시 말해 물질적인 요소가 아닌 형식morphē kai eidos으로 간주했다. 결과적으로 아리스토텔레스는 우리가 앞에서 언급한《물리학》2권의 문장에서 안티폰의 이론뿐만 아니라 자연을 기초 요소로, 즉 '그 자체로 리듬이 결여된 것'으로 정의 내리는 모든 이의 의견을 거부하고, 자연을 오히려 현존의 원천적 원리, 다름 아닌 리듬과, 형식의 동의어로서의 '구조'와 일치시킨다.

이제 현대 인문학에서 빈번히 기용되는 이 '구조'라는 용어의 모호함으로 다시 돌아가보면, 어떤 의미에서는 아리스토텔레스가 피타고라스학파 철학자들에게 나무랐던 동일한 잘못이 인문학에 의해 반복되고 있다는 사실을 발견하게 된다.

인문학은 '구조'를 구성 요소 이상의 무언가를 가지고 있는 보다 큰 개념으로 보았지만, 이어서 (인문학이 다름 아닌 철학적 탐구의 영역을 벗어나 '학문'으로 자리 잡기 원한다는 차원에서) 이 '무언가' 자체를 하나의 요소, 하나의 기초 요소, 즉 그것을 넘어서는 순간 모든 대상이 현실을 잃어버리게 되는 궁극의 양자로 이해하기 시작했다. 아울러 피타고라스학파 철학자들이 생각했던 것처럼 결론의 끝없는 후퇴를 피하기 위한 방법이 다름 아닌 수학에 있는 듯이 보였기 때문에, 구조분석은 대상을 구축하는 현상의 원천적인 수數 arithmos를 도처에서 탐색하기 시작했고 계속해서 수학적인 방법을 더 적극적으로 기용하는 경향을 보였다. 구조분석은 그런 식으로 우리 시대의 본질적인 특징 중에 하나인 수식화數式化

과정, 즉 인간적인 사실들을 수식화하는 전체적인 경향의 일부로 자리 잡았다.[5]

구조분석은 결과적으로 구조를 리듬으로 볼 뿐만 아니라 수와 기초적인 원리로, 다시 말해 그리스인들이 이 리듬이라는 단어로 이해하던 것과 정반대의 의미로 구조를 이해했다. 현대 비평과 언어학 속에서 이루어지는 구조 탐색은 아이러니하게도 구조가 원래의 뜻 속으로 후퇴하면서 모호해지는 움직임에 상응한다.

뭐랄까, 구조주의적 탐구 내부에서 일어나는 현상은 작용양자作用量子. quantum of action라는 개념이 도입된 뒤 현대물리학 분야에서 일어났던 것과 비슷한 현상이라고 볼 수 있다. 작용양자의 도입과 함께, 한 입자(데카르트가 그리스어 '도식schēma'에 상응하는 표현으로 사용했던 '모양새'를 가진 요소)의 위치와 그것의 운동량을 동시에 알아본다는 것이 실제로는 불가능하다는 사실이 밝혀졌다. 리듬이라는 의미에서의 구조와 수라는 의미에서의 구조는 현대물리학이 이 두 가지를 동시에 알아본다는 것이 불가능하다고 본다는 차원에서 항상 공존해온 두 종류의 물리량 개념이다. 이 시점에서 필요해 보이는 것은 이 두 개념을 하나의 통일된 표현으로 묶을 수 있는 통계수학적인 방법(양자물리학의 경우에서처럼)이다.

하지만 적어도 수학적인 방식만 고집한다는 것이 불가능한 곳에서, 구조주의적 탐구는 '구조'라는 용어의 서로 모순되는 두 가지 의미 사이를 끝없이 오갈 수밖에 없는 처지에 놓여 있다. 한편에는 리듬으로서의 구조, 하나의 사물이 있는 그대로의 모습과 일치하도록 만드는 무언가로서의 구조가 있고, 다른 한편에는 수와 원소, 최소량의 양자로서의 구조가 있다. 따라서 이제 질문의 방향을 예술 작품으로 돌리게 되면, 미적 형식이라는 개념은 구조주의적 비평이 (예술 작품을 재료와 형식으로 보는 미학적·형이상학적 정의에 의존하면서 예술 작품을 미적 대상으로, 동시에 원천적인 원리로 표현하기 때문에) 피해갈 수는 있지만 결국에는 극복할 수는 없는 마지막 장애물로 남는다.

이러한 판단이 정확하다면, 다시 말해 리듬과 수가 두 개의 서로 상반되는 현실이라면 횔덜린의 문장은 구조주의 비평이 움직이는 영역을 가리킨다고 볼 수 없다. 리듬은 수나 최소량의 양자, 최초의 원소proton stoicheion라는 차원에서는 구조라고 볼 수 없으며 오히려 본질ousia, 예술 작품을 그것의 원천적인 공간 안에 열어 보이면서 보유하는 현존의 원리라고 할 수 있다. 따라서 리듬은 계산이 불가능하고 이성적인 것과도 거리가 멀지만 그렇다고 비이성적이라고도 할 수 없다. 적어도 비이성적이라는 말이 일반적으로 내포하는 순수하게 부정적인 의미는 가지고 있지 않다. 반대로 리듬은, 다름 아닌 한 예술 작품을 작품의 존재 자체와 일치하도록 만드는 무언가라는 의미에서 척도이기도 하며 로고스, 즉 모든 사물에 현존을 위한 고유의 위상을 부여한다는 그리스적인 의미에서 이성ratio이라고 할 수 있다. 오로지 리듬이 이러한 본질적인 차원에 도달할 수 있고 근본적인 의미에서 척도와 일치하기 때문에, 리듬 자체가 수로 인지될 수 있고, 계산과 숫자로 표현이 가능한 척도로 경험될 수 있는 영역이 인간에게 주어진다. 예술 작품이 이성적이고 필연적인 구조로, 동시에 순수하고 사심 없는 유희로 등장하는 이유, 이러한 모호함이 분석과 유희가 혼동되는 공간에서 가능해지는 것은 오직 예술 작품의 본질을 좌우하는 차원에 다름 아닌 리듬이 위치하기 때문이다.

그렇다면 리듬의 본질은 무엇인가? 예술 작품에 작품의 원천적인 공간을 승인하는 힘은 과연 무엇인가? 리듬이라는 단어는 흐르다, 흘러간다는 뜻의 그리스어 reō에서 왔다. 흐르고 흘러가는 것은 시간 속에서, 시간이라는 차원 속에서 흐르고 흘러간다. 일반적인 개념에 따르면, 시간은 다름 아닌 하나의 순수한 흐름, 끝없는 선을 따라 무한히 이어지는 순간순간의 흐름이다. 일찍이 아리스토텔레스는 시간을 운동의 수arithmos kinēseōs로, 순간을 하나의 점stigmē으로 보면서 시간을 수의 무한한 연속이라는 일차원적인 영역에 위치시켰다. 이것이 바로 우리에게 익숙한 시간의 개념이며, 계속해서 더 정확해지기만 하는 우리들의 시계가 재고 있는 시간이다(시간을 재기 위해, 평범한 시계의 경우 톱니바퀴의 움직임을 이용하고, 원자시계의 경우 원자의 무게 내지 복사輻射를 이용한다).

하지만 리듬은(우리가 일반적으로 알고 있는 리듬) 시간의 영원한 흐름 속에 하나의 분열과 단절을 도입하는 듯이 보인다. 예를 들어, 음악을 듣는 동안, 음악이 시간과 함께 흘러가고 있다는 것이 분명함에도 불구하고 우리는 리듬이 순간순간의 끝없는 연속으로부터 빠져나가는 듯한 느낌, 마치 시간 속에 시간을 초월하는 무언가가 존재하는 듯한 느낌을 받는다. 예를 들어, 훌륭한 미술 작품 앞에 서 있을 때 혹은 현존의 빛 속에 흠뻑 빠져 있는 풍경 앞에 서 있을 때 우리는 시간이 멈추어버린 느낌, 마치 우리가 좀 더 정통한 시간 속으로 갑자기 뛰어든 듯한 느낌을 받는다. 순간순간의 끝없는 흐름 속에 단절과 차단이 주어지고 시간의 흐름은 미래에서 과거로 사라져버린다. 우리가 눈앞에 두고 있는 풍경 혹은 예술 작품이 현존하는 독특한 방식과 특별한 위상이 우리에게 선사하는 것, 계시하는 것이 정확하게 이 단절과 차단이다. 우리는 무언가를 바라보며 이 단절에 사로잡힌다. 하지만 이 사로잡힘은 동시에 바깥에 머문다는 것, 정신의 바깥에, 즉 정신을 잃고$_{ek\text{-}stasi}$ 좀 더 근원적인 차원에 머문다는 것을 의미한다.

이러한 유보를 그리스어로는 에포케$_{epochē}$라고 한다. 이 단어의 어원이 되는 동사 에페코$_{epechō}$는 사실 이중적인 의미, '유지하다' '정지하다'라는 뜻과 함께 동시에 '소개하다' '제공하다' '선사하다'라는 뜻을 지니고 있다. 이제 우리가 조금 전에 리듬에 대해 언급했던 내용, 즉 리듬이 시간의 좀 더 원천적인 차원을 드러내는 동시에 그것을 순간순간의 일차원적인 도주 속에 감춘다는 점을 고려해보면, 우리는 아마도 이 에포케를 리듬으로 번역하고 (억측인 듯이 보이지만 그건 인상에 불과하다) 따라서 리듬을 에포케, 즉 '선사'와 '유보'라고 말할 수 있을 것이다. 하지만 동사 에페코는 이 두 뜻을 모두 내포하면서 하나로 모으는 또 하나의 의미, 즉 '현존하면서 지배한다'라는 차원에서 '존재한다'라는 의미도 지니고 있다. 그런 식으로 그리스인들은 '바람이 있다ho anemos epechei'라는 표현을 바람이 현존하고 지배한다는 의미로 사용했다.

그리스철학의 태동기에 두각을 드러냈던 시인 아르킬로코스의 문장은 다름 아닌 이 세 번째 의미를 기준으로 해석되어야 할 것이다. "어떤 리듬이 인간을 지배하는지 배워라ghighnōske doios rhythmos anthrōpous echei."

Ho rhythmos echei, 즉 리듬은 붙잡는다. 다시 말해, epechei, 즉 제시하고 유보한다. 리듬은 인간에게 좀 더 근원적인 차원의 황홀함ekstasi 속에 머물 수 있는 기회뿐만 아니라 동시에 측량 가능한 시간의 도주 속으로 추락할 수 있는 기회 또한 선사한다. 리듬은 시대 지배적인 방식으로epocalmente 인간의 본질을 지배한다. 즉, 그에게 존재뿐만 아니라 무無를 선사하고, 예술 작품이라는 자유로운 공간의 필요성뿐만 아니라 암흑과 파멸을 향한 충동 또한 선사한다. 인간에게 그만의 세계를 위한 공간을 열어 보이는 원천적인 엑스터시ekstasi가 바로 리듬이다. 오로지 이 열린 공간을 토대로 할 때에만 인간은 자유와 이질화를 동시에 경험할 수 있고, 역사적 의식과 시간 속에서의 방황을, 진리와 오류를 경험할 수 있다.

아마도 예술 작품에 대한 횔덜린의 문장이 지니고 있는 고유의 의미가 이제는 한층 더 분명해졌으리라고 본다. 그의 문장이 암시하는 것은 예술 작품을 구조로 보는 해석, 즉 작품을 게슈탈트인 동시에 수로 보는 해석도 아니며 예술 작품의 양식적 통일성과 고유의 '리듬'에만 관심을 집중하는 해석도 아니다. 구조분석뿐만 아니라 양식 분석 역시 예술 작품을 미적 (학문적인 이해가 가능한) 대상인 동시에 형식과 창조의 원리로 보는 미학적 예술 개념을 받아들인다. 대신에 횔덜린의 문장이 가리키는 것은 예술 작품의 원천적인 기원을 에포케와 리듬으로 보는 해석이며, 이 예술의 기원을 다름 아닌 '인간의-세계 안에-현존하기'가 지니는 구조, 인간이 진리 및 역사와 유지하는 관계의 구조 자체가 관건인 차원에 올려놓는 해석이다. 인간에 고유한 시간의 차원을 그에게 열어 보이면서, 예술 작품은 동시에 세상에 속하는 그의 '속함'의 공간, 즉 오로지 그 안에서만 그가 지상에서의 삶에 대한 근원적인 척도를 발견하고 시간의 끝없는 흐름 속에 현존하는 고유의 진실을 발견할 수 있는 공간을 열어 보인다.

바로 이러한 차원에서 인간의 포이에시스적인 위상은 고유의 의미를 발견한다. 인간이 지상에서 포이에시스적인, 시적인 위상을 지니는 것은 바로 포이에시스가 그를 위해 그의 세계가 필요로 하는 근원적인 공간에 기초를 놓기 때문이다. 인간의 행동과 존재를 위해 하나의 세상이 펼쳐지는 것은 오로지 인간이 시적 에포케 속에서 그가 세상에 존재한다는 것을 자신의 본질적인 조건으로 경험하기 때문이다. 인간에게 실천할 수 있는 능력과 그가 원하는 대로 자유롭게 활동할 수 있는 능력이 주어지는 것은 오로지 그가 가장 무서운 힘, 현존 속으로 사물을 생-산해내는 힘을 가지고 있기 때문이다. 인간이 역사적인 존재, 즉 스스로의 과거와 미래를 매 순간 중요하게 여기는 존재인 것은 오로지 그가 포이에시스적인 행위를 통해 시간의 가장 근원적인 차원에 들어서기 때문이다.

예술의 선물이 어떤 무엇과도 비교할 수 없는 가장 정통한 선물인 것은 그것이 예술이라는 인간의 가장 정통한 공간으로부터 유래하는 선물이기 때문이다. 예술 작품은 문화적 '가치'나 관람자들의 미적 감각이 선호하는 대상과 일치하지 않으며, 창조의 형식적 원칙이 지니는 절대적인 힘과 일치하지도 않는다. 예술 작품은 이보다는 좀 더 본질적인 차원에 머문다. 왜냐하면 인간으로 하여금 매번 역사와 시간 속에 있는 스스로의 원천적인 위상에 접근하도록 만들기 때문이다. 바로 그런 이유에서, 아리스토텔레스는 《형이상학》5권에서 이렇게 말할 수 있었다. "예술 역시, 무엇보다도 건축예술architettonica이, 기원arché이라는 이름으로 불린다."[6]

예술이 건축적이라는 것은, 어원의 의미를 살펴보면, 예술, 포이에시스가 곧 기원의 생산tiktō이라는 것을, 예술이 인간의 근원적 공간으로부터 유래하는 선물이며 그런 의미에서 탁월하게 '건축적'이라는 것을 뜻한다. 신화적 전통을 유지하는 모든 문화권에서 종교의식과 축제의 목적이 세속적인 시간의 획일성을 단절시키고 원형적이고 신화적인 시간을 활성화시키면서 인간에게 신들의 동시대인으로 되돌아갈 수 있도록, 태초의 창조적 차원을 새로이 경험할 수 있도록 허락해주었던 것처럼, 마찬가지로 예술 작품을 통해 직선적인 시간의 지속성continuum이 단절될 때 인간은 과거와 미래 사이에 현존하는 고유의 공간을 다시 발견하게 된다.

따라서 예술 작품을 바라본다는 것은 밖으로 떨어져 나와 더욱 원천적인 시간 속으로 진입한다는 것을, 선사하고 유보하는 리듬의 획기적인 열림 속에서 엑스터시를 경험한다는 것을 의미한다. 인간이 예술 작품과 유지하는 이러한 관계의 독특한 상황을 이해할 때에만 어떻게 이러한 관계가 (정통한 관계라면) 동시에 인간에게 가장 고귀한 과제가 되는지, 즉 그를 진실 속에 유보시키면서 그의 지상에서의 삶에 근원적인 위상을 승인하는 과제가 될 수 있는지 이해할 수 있다. 예술 작품의 경험을 통해 인간은 진실 속에, 즉 포이에시스적인 행위를 통해 그에게 드러난 근원 속에 곧게 서게 된다. 이러한 노력을 통해, 즉 리듬의 에포케라는 바깥으로 떨어져 나오는 행위를 통해 예술가와 관람자는 그들의 본질적인 동맹 관계와 공동의 지반을 다시 발견하게 된다.

반대로 예술 작품을 미적 탐닉을 위해 제공되는 대상으로 본다거나 작품의 형식적인 측면을 평가하거나 분석하는 일에만 집중하는 것은 결국 예술 작품의 본질적인 구조, 즉 예술 작품을 통해 선사되고 유보되는 기원에 접근하는 일과는 거리가 멀 수밖에 없다. 미학은 그만큼 예술 고유의 상황을 토대로 예술을 생각할 줄 모른다. 인간이 이러한 미학적 관점의 포로로 남아 있는 한, 그가 예술의 본질을 이해할 수 있는 길은 닫혀 있다고 보아야 할 것이다.

예술 작품의 원천적인 구조는 오늘날 모호한 것으로 남아 있다. 예술은, 스스로의 형이상학적 운명이 도달한 극단적인 지점에서, 허무주의의 힘이 되어, '스스로를 파괴하는 무'가 되어 미학의 땅이라는 사막을 떠돌아다니며 스스로의 분열을 중심으로 영원히 맴돌 뿐이다. 예술의 이질화는 근본적인 이질화다. 왜냐하면, 다름 아닌 인간의 역사적이고 원천적인 공간의 이질화를 암시하기 때문이다. 예술 작품이 사라지는 순간 인간이 함께 잃어버릴 위험을 안고 있는 것은 단순히 문화유산 (그것이 아무리 값진 것이라 해도) 혹은 인간의 창조력이 선호하는 일련의 표현 방식이 아니라 그의 세계가 차지하는 공간, 즉 인간이 인간으로 존재하고 행위와 앎의 주체로서 현존할 수 있는 유일한 공간이다.

이것이 사실이라면 본래의 포이에시스적인 위상을 상실한 인간은 또 다른 곳에 스스로의 척도를 쉽게 재구축하지 못한다. "위험이 도사리는 곳에서 유래하지 않는 모든 구원은 여전히 재앙 속에 머물러 있기 때문이다."[7] 결과적으로, 지상에서 인생의 근원적인 척도를 찾아야 하는 과제가 여전히 예술의 과제라면, 우리가 예측할 수 있는 것은 예술의 소재가 아니며, 아울러 우리의 입으로, 미학의 땅을 감싸고도는 끝없는 황혼을 뛰어넘어 포이에시스가 과연 고유의 위상을 되찾게 될 것인지 말할 수 있는 것도 아니다. 우리가 유일하게 말할 수 있는 것은, 예술이 스스로의 그림자를 단숨에 뛰어넘으면서 스스로의 운명을 극복할 수는 없다는 사실이다.

1 아리스토텔레스,《물리학》, 193a,

2 아리스토텔레스는《형이상학》1권(985b)에서, 세상이 '텅 빈 것'과 '꽉 찬
   것'으로 부터 시작되었다는 가정 하에 모든 사물이 정도의 '차이'에 따라
   유래했다고 생각했던 원자론자들의 이론에 대해 언급하면서, 레우키포스
   Leucippus와 데모크리토스Democritus에 따르면 세 가지 종류의 '차이', 즉 리듬,
   순서, 방향의 차이가 있으며 리듬은 곧 형태schēma(소유한다는 echō 차원에서),
   즉 보유하는 방식, 구조라고 설명한다.

3 같은 책, 1041b.

4 같은 책, 990a.

5 이러한 철학적 탐구의 점진적인 수식화 현상이 이미 아리스토텔레스에 의
   해 관찰된 바 있다는 것은 상당히 흥미로운 일이다. 플라톤의 이상에 관한
   이론과 그의 철학 속에서 이상이 수와 일치한다는 점을 비판한 뒤 아리스토
   텔레스는 이렇게 말한다. "이 시대의 사람들에게 철학은 수학이 되어버렸
   다. 수학이 또 다른 목적을 위한 도구로 사용되어야 한다고 주장하는 이들
   에게도 철학은 곧 수학이다."(《형이상학》, 992b) 이러한 변화의 요인을 아리
   스토텔레스는 수의 독특한 특성에서, 즉 순수하게 감각적으로만 혹은 순수
   하게 지적으로만 인식될 수 없으며 오히려 '무감각한 물질'에 더 가깝다는
   특성에서 찾아야 한다고 보았다.

6 같은 책, 1013a.

7 하이데거,〈시인은 무엇을 위해 존재하는가〉,《숲속의 길》, 273쪽. 주의 깊
   은 독자는 시간의 좀 더 원천적인 차원에 대한 이러한 성찰들이 하이데거
   사상의 (특히 '시간과 존재Zeit und Sein' 강의) 성과에 힘입은 바가 크다는 점
   을 간파했을 것이다.

10장

우울한 천사

"내 글 속의 인용문들은 노상강도 같아서 무장한 채 불쑥 튀어나와 여유롭게 걷는 이들의 확신을 빼앗아가 버린다." 이 문구의 저자인 발터 벤야민은 아마도 문화의 소통 방식이라는 차원에서 일어난 근본적인 변화와 이러한 변화의 피할 수 없는 결과로 나타난 과거와의 새로운 관계를 최초로 주목한 유럽 지성인일 것이다. 벤야민에 따르면, 인용문이 지닌 특별한 힘은 사실 과거를 알리거나 과거의 생생한 재현을 가능하게 하는 힘이 아니라 반대로 과거를 "말끔히 정리하고 그것을 원래의 문맥에서 방출하고 파괴하는" 힘과 일치한다.[1] 인용문은 과거의 한 단상을 그것의 역사적 문맥으로부터 강제로 추방시키면서 단상이 지니고 있는 정통한 증언으로서의 특성을 단숨에 파괴하고 대신에 잠재적인 이질화의 힘을 부여한다. 인용문이 지니는 명백히 공격적인 성향을 구축하는 것이 바로 이 이질화다.[2] 오로지 인용문으로만 만들어진 작품을 쓰겠다는 생각으로부터 평생 동안 벗어나지 못했던 벤야민은 인용문이 제시하는 문장의 권위가 정확하게 어떤 책의 문화사적 상황이 그 책에 부여한 특정 권위의 파괴를 토대로 구축된다는 사실을 이해하고 있었다. 인용문의 진정성은 그것이 원래의 살아 있는 문맥으로부터 이질화되어 진귀하고 일회적인 형태로 나타난다는 사실에 기능할 뿐이다. 이러한 인용문을 벤야민은 《역사의 개념에 대하여》에서 '하루에 소용되는 인용문'이라고 불렀다(하루가 최후의 심판일과 다름없다는 의미에서). 과거가 고정되는 것은, 위험한 순간에 번뜩이며 떠오르는 기억처럼, 이질화되는 순간 영원히 각인되는 하나의 이미지를 통해서만 가능하다.[3]

과거와 관계하는 이 독특한 방식은 벤야민이 본능적으로 친화력을 느꼈던 수집가라는 인물의 기본적인 활동 방식이기도하다. 수집가 역시 대상을 원래의 문맥 바깥에서 '인용'하고 그런식으로 대상 고유의 가치와 본래의 의미를 발견할 수 있는 틀 자체를 파괴한다. 그가 모으는 것들은 예술 작품일 수도, 일반적이고 하찮은 물건일 수도 있지만, 모두 그의 주관적인 판단을 기준으로 그가 자신의 열정의 대상으로 승격시키는 것들이다. 어찌되었든 수집가가 그의 과제로 받아들이는 것은 그가 모으는 것들의 사용가치뿐만 아니라 그것에 전통적으로 부여되던 윤리적이고 사회적인 의미까지 단숨에 빼앗으며 사물들을 변신시키는일이다.

사물이 수집 목록에 포함되는 것을 정당화하는 유일한 명분,

사물의 정통성을 빌미로 수집가는 그것을 '유용성이라는 노예 상태로부터' 해방시킨다. 그러나 이 정통성 자체는 노예 상태로부터의 해방이 실현되고 애호품으로서의 가치가 사용가치를 대체할 수 있도록 만드는 이질화를 전제로 한다. 다시 말해, 사물의 정통성은 사물의 이질화를 하나의 가치로 보고 그것을 가늠한다. 이 이질화라는 가치가 곧 수집이 이루어지는 유일한 공간이다.[4]

수집가는, 다름 아닌 과거의 이질화를 가치로 승격시키기 때문에, 어떻게 보면 혁명가와 같은 부류의 인물이라고 할 수 있다. 혁명가에게 새로운 세계의 도래는 오로지 과거의 파괴를 통해서만 가능하다. 역사적으로도 전통과의 단절과 함께 개혁의 물결이 일었던 시기에 뛰어난 수집가들이 두각을 드러냈다는 것은 결코 우연이라고 볼 수 없다. 전통 사회 속에서는 사실상 생각조차 할 수 없는 것이 인용문과 수집품이었다. 과거의 전수를 가능하게 하는 전통문화의 복잡한 조직망을 부순다는 것이 어떤 식으로든 불가능했기 때문이다.

흥미로운 것은, 예술 작품의 전통적인 가치와 권위가 흔들리는 현상을 감지한 벤야민이 그 과정을 요약하며 '아우라의 타락'이라고 부르던 것이 어떤 식으로든 '대상을 문화적 보호막으로부터 해방'시킨다거나, 그 순간부터, 문화적 대상이 정치적 현실을 토대로 구축되는 결과를 가져오지 않고, 오히려 새로운 아우라를 구축하기에 이르렀다는 사실을 그가 전혀 알아차리지 못했다는 것이다. 이 새로운 아우라를 통해 대상은 오히려 또 다른 차원에서 스스로의 정통성을 재창조하고 드높이 찬양하면서 하나의 새로운 가치, 우리가 수집품을 다루면서 관찰했던 이질화의 가치와 완벽하게 닮은 또 하나의 가치를 획득하게 된다. 대상을 그것의 정통성으로부터 자유롭게 하는 대신, 기술 복제성은 (벤야민은 이것이 예술 작품의 전통적 권위를 침식하는 일차요인이라고 보았다) 반대로 정통성을 극단적인 지점으로까지 몰고 간다. 원형의 무한한 복제를 통해 정통성은 이제 포착 불가능한 것의 열쇠로 변신한다.

예술 작품은 하나의 문화 전통을 위해 과거와 현실의 용접 작업이 끊임없이 이루어지는 공간과 대상을 구축해왔지만 결국 특정한 문화 전통 속에서 작품의 위상이 보장해주던 신빙성과 권위를 상실하고 말았다. 그러나 복제 가능성을 거머쥐기 위해 (시가, 그런 식으로, 가르칠 수 있고 분석이 가능한 무언가로 돌아오기를 희망하던 횔덜린의 기대를 현실화시키면서) 정통성을 포기하는 대신, 예술 작품은 가장 형언하기 힘든 신비, 즉 미적 판단을 기준으로 하는 아름다움의 현현이 완성되는 공간으로 변신한다.

이러한 특징이 아주 극명하게 드러나는 시인이, 벤야민은 오히려 '아우라의 타락'을 대표하는 가장 전형적인 시인으로 보았던, 보들레르다.

보들레르는 산업화된 새로운 형태의 문명사회 속에서 전통 문화와 그 권위의 붕괴라는 문제를 해결하고자 했던 인물이며, 결과적으로 새로운 권위를 창조해야 하는 입장에 놓여 있었다. 그는 이 문제를 해결하기 위해 문화의 전달 불가능성 자체를 하나의 새로운 가치로 만들었고 자신의 가장 중추적인 예술적 경험으로 쇼크를 선택했다. 쇼크란, 일련의 문화적 요소들이 일정한 문화권 내부에서 이해되고 전달될 수 있는 가능성을 상실하면서 뿜어낼 수 있는 충격의 힘을 말한다. 보들레르는, 예술을 전통의 붕괴로부터 구출하기 위해서는 예술가가 쇼크라는 경험의 기원이 되는 파괴, 즉 문화적 전달 가능성의 파괴 자체를 자신의 작품을 통해 재생할 줄 알아야 한다고 생각했다. 그런 식으로 예술 작품이 전달 불가능한 것을 전달하는 도구가 되어야 한다고 생각했던 것이다. 순간적이기 때문에 포착할 수 없는un eclair ...... puis la nuit! 현현으로서의 미美를 이론화시킴으로서 보들레르는 미적 판단에 기초하는 아름다움을 전승 불가능성의 열쇠로 만들었다. 이제 우리는 인용문뿐만 아니라 수집이라는 활동의 기초를 이루며 현대 예술가의 독특한 과제로 떠오른 이 이질화라는 가치가 무엇을 의미하는지 정확하게 이야기할 수 있다. 이 이질화는 문화의 전승 가능성 자체의 파괴에 지나지 않는다.

다시 말해, 전승 가능성의 파괴를 쇼크의 경험을 통해 재생하는 것이 사물들 자체에 부여할 수 있는 의미와 가치의 마지막 원천이 되고 예술은 인간을 그의 과거와 연결하는 마지막 중재자로 등장한다. 과거가 미적 판단에 기초하는 아름다움의 순간적인 현현을 통해 살아남는 것이, 즉 과거의 생존이 결국은 예술 작품에 의해 실행되는 이질화와 일치한다. 그리고 이 이질화는 다름 아닌 전통과 전승 가능성의 파괴를 가늠하는 척도에 지나지 않는다.

*

전통이라는 체제 속에서 문화는 오로지 그것의 전승이라는 행위 속에서만, 즉 전통의 유지라는 생생한 현실 속에서만 존재할 뿐이다. 과거와 현재, 옛것과 새것 사이에 지속성은 중단되지 않는다. 모든 대상이 매 순간 오로지 문화적인 확신과 관념의 체제를 전달하는 데에만 집중되어 있기 때문이다. 좀 더 정확히 말하자면, 이러한 유형의 체제 속에서는 전승과 상관없이 문화에 대해 이야기한다는 것이 불가능하다. 관념과 규칙으로 구축된 문화유산이 그것과 별개이면서 그 자체로 하나의 가치인 전승 대상을 구축하는 경우는 없기 때문이다. 신화-전통적인 문화 체제 속에서는 전승 행위와 전승 대상 사이에 절대적인 일치가 이루어지며 전승 행위를 넘어서는 어떤 도덕적·종교적·미적 가치도 존재하지 않는다.

전승 행위와 전승 대상 간의 격차 혹은 부적합성, 전승 자체와는 무관하게 이루어지는 전승 대상의 가치화 등은 하나의 전통이 생명력을 잃을 때에만 나타나는 현상이며 동시에 비전통적인 사회의 특징 중에 하나인 '문화의 축적'이라는 현상의 기반을 구축하는 요인이다.

표현이 주는 인상과는 달리 '전통의 붕괴'는 어떤 식으로든 과거의 상실 내지 탈가치화를 의미하지 않는다. 오히려 붕괴의 순간이 도래할 때에만 과거가 과거로서의 무게를 지니고 전대미

문의 영향력을 발휘한다고 보는 것이 옳을 것이다. 전통의 상실
은 따라서 과거가 전승 가능성을 상실했다는 것을 의미하며 과거
와 소통할 수 있는 새로운 방법이 발견되지 않는 한 과거는 이제
축적의 대상이 될 수밖에 없다는 것을 의미한다. 이러한 상황 속
에서 인간은 스스로의 문화유산을 완전하게 보존하고 그 문화유
산의 가치는 오히려 현기증을 일으킬 정도로 배가되지만 그는 스
스로의 문화유산을 통해 자신의 행위와 건전함의 기준을 발견할
수 있는 가능성을 잃고, 아울러 그에게 주어진 유일하게 실질적
인 공간, 그가 스스로의 기원과 운명에 대해 질문을 던지면서 과
거와 미래의 관계를 토대로 현재를 구축하도록 주어진 유일한 공
간을 상실한다. 사실상 즉각적으로 감지가 가능한 문화적 의미와
가치를 부여하면서 인간에게 스스로의 과거가 지닌 무게에 얽매
이지 않고 미래를 향해 자유롭게 움직일 수 있도록 허락하는 것
은 다름 아닌 전통문화의 전승 가능성이다. 하지만 문화가 고유
의 전승 도구를 상실하는 순간, 인간은 판단 기준을 잃고, 그의 어
깨 너머에서 끊임없이 축적되며 해석을 불가능하게 만들고 무한
한 다양성으로 그를 압박해오는 과거와, 반면에 그에게 주어지지
도 않았을뿐더러 그가 주도하는 과거와의 전투에 어떤 빛도 비추
지 못하는 미래 사이에 갇혀 숨 막혀 할 뿐이다. 오늘날 우리에게
이미 현실이 되어버린 이 '전통의 붕괴'는 음산한 분위기의 문서
창고 안에서 진행되는 옛것의 무한한 축적이나, 혹은 문화의 전
승을 위해 사용되어야 할 동일한 도구로 진행되는 이질화 외에는

옛것과 새것 사이에 사실상 어떤 관계도 성립되지 않는 시대를 열어 보였다. 억압 정책과 포화 상태의 행정절차로 마을을 위협하는 카프카의 《성城》과 마찬가지로 축적 문화는 본래의 생동하는 의미를 상실했고 이제 인간에게 하나의 위협으로만 다가올 뿐이다. 문화의 이러한 위협적인 축적 현상 속에서 인간은 스스로를 알아보지 못한다. 옛것과 새것, 과거와 미래 사이의 허공에 매달린 인간은 이제 그의 손아귀에서 끊임없이 빠져나가고 동시에 그를 앞으로 끌어내면서 그에게 발 디딜 곳도 허락하지 않는 무언가 이질적인 것으로서의 시간 속에 버려진 존재다.

*

《역사의 개념에 대하여》에서 벤야민은 스스로의 과거와 관계하는 법을 상실하고 역사 속에서 더 이상 자신의 모습을 발견하지 못하는 인간의 상황을 아주 그럴싸한 이미지를 통해 묘사한 바 있다. "클레가 그린 〈새로운 천사Angelus novus〉라는 그림이 있다. 이 그림 속의 천사는 마치 그가 응시하고 있는 무언가로부터 멀어지려는 듯한 모습을 하고 있다. 이 천사는 눈을 크게 뜨고 입을 벌린 채 날개를 펴고 있다. 역사의 천사도 바로 이런 모습을 하고 있을 것이다. 그의 얼굴은 과거를 향해 있다. 우리가 보기에는 일련의 사건들이 벌어지는 곳에서 그는 단 하나의 재앙이 잔해 위에 잔해를 끊임없이 축적하면서 그의 발 앞에 쏟아 붓는 모습을

파울 클레, 〈새로운 천사〉, 1920년.

알브레히트 뒤러, 〈멜랑콜리아 I〉, 1514년.

목격한다. 천사는 그곳에 머물면서 죽은 자들을 깨우고 산산이 부서진 것을 모아 다시 결합하고 싶어 한다. 하지만 천국에서 폭풍이 불어온다. 몸을 꼼짝달싹하지 못할 정도로 세차게 불어오는 폭풍 때문에 천사는 날개를 접지 못한다. 이 폭풍은 그가 등을 돌리고 있는 미래를 향해 그를 무작정 몰아세우고, 반면에 그의 발 앞에서 축적되는 잔해는 하늘까지 치솟는다. 우리가 진보라고 부르는 것이 바로 이 폭풍을 가리킨다."

뒤러의 유명한 판화 하나는 벤야민이 해석하는 클레의 그림과 몇 가지 유사한 점을 보여준다. 이 판화는 시선을 앞으로 모으고 앉아 명상에 잠겨 있는 날개 달린 천사의 모습을 그리고 있다. 천사 옆에는 맷돌, 대패, 못, 망치, 자, 집게, 톱 같은 작업 도구가 바닥에 버려진 채 여기저기 흩어져 있다. 천사의 멋진 얼굴에는 그림자가 드리워졌고 그의 기다란 옷자락과 그의 발 앞에 놓인 부동의 둥근 공만 빛을 반사할 뿐이다. 그의 어깨 너머로 종과 작동 중인 모래시계, 저울과 마방진이 보이고 배경으로 등장하는 바다 위에 혜성 하나가 광채 없이 빛나고 있다. 판화 전체에 깃든 석양의 분위기가 모든 사물의 질감을 앗아가는 느낌을 준다.

클레의 〈새로운 천사〉가 '역사의 천사'라면 뒤러의 우울하고 날개 달린 천사에 꼭 어울리는 이름은 '예술의 천사'일 것이다. 역사의 천사는 과거를 바라보고 있지만 미래를 향해 거꾸로 달리는 끝없는 도주를 그만두지 못한다. 반면에 뒤러의 우울한 천사는 부동의 자세로 정면을 노려보고 있다. 역사의 천사를 향해 날개를 파고들던 진보의 폭풍은 잦아들었고 예술의 천사는 이제 시간이 멈추고, 마치 무언가가 역사의 지속성을 중단시키면서 주변의 현실을 일종의 메시아적인 보류 상태에 고정시켜놓은 것 같은 분위기 속에 잠겨 있다. 하지만 역사의 천사에게 과거의 사건들이 해석 불가능한 폐허의 축적으로 보였던 것처럼, 우울한 천사 앞에 널려 있는 작업 도구와 사물들도 이들의 일상적인 사용가치가 부여하던 원래의 의미를 잃고 무언가 포착 불가능한 것의 단서로 변신하는 이질화의 잠재력을 취득하고 말았다. 역사의 천사가 더이상 이해하지 못하는 과거는 예술의 천사 앞에 재구성된 형태로 나타나지만 그 모습은 하나의 이질화된 이미지에 불과하다. 이 이질화된 과거의 이미지 속에서 과거의 진실은 그것의 부정을 통해서만 발견되고 새로운 것에 대한 앎은 오로지 낡은 진실이 결코 진실이 아니라는 조건에서만 가능해진다. 예술의 천사가 미적 심판의 날에 과거를 실질적인 문맥 밖에 인용하며 과거에 선사하는 구원이란 미의 박물관에서 실행되는 과거의 죽음에 (혹은 그것의 불멸성에) 지나지 않는다. 천사의 우울증은 이질화를 스스로의 세계로 만들었다는 의식과 그가 비사실적으로 만들지 않고서는 소유할 수 없는 현실에 대한 향수에서 비롯된다.[5]

어떤 식으로든 미학은 붕괴되기 이전의 전통문화가 수행하던 동일한 과제를 수행한다. 과거의 이야기 속에 단절되어 있던 경로들을 다시 연결하면서 미학은 옛것과 새것의 대립이라는 문제를 해결한다. 시간 속에서 길을 잃고 시간 속에서 스스로를 되찾아야 하는 인간, 따라서 매 순간 스스로의 과거와 미래를 중요하게 생각하는 존재 인간이 살아가기 위해 필요로 하는 이 옛것과 새것의 화해를 중재하는 것이 미학이다. 그러나 미학은 전승 가능성의 파괴를 통해 부정적인 방식으로 과거를 회수하며 미적 판단의 관점에서 바라본 아름다움의 이미지를 통해 전승 불가능성을 하나의 독립된 가치로 만들고, 그런 방식으로 과거와 미래 사이에 인간이 그의 행동과 지식의 기초를 마련할 수 있는 공간을 열어 보인다.

이 공간이 바로 미학의 공간이다. 그러나 여기서 전승되는 것은 다름 아닌 전승 불가능성이며 미학의 진실은 곧 미학의 내용이 담고 있는 진실의 부정과 일치한다. 전승 가능성의 상실과 함께 고유의 진실을 보증하는 유일한 토대를 함께 잃어버린 문화, 따라서 끝없이 축적되는 고유의 무의미함으로부터 위협받는 문화가 이제 스스로의 토대를 예술에 위탁한다. 그런 식으로 예술은 스스로의 기반을 잃지 않고서는 보증될 수 없는 것을 보증해야만 하는 입장에 놓인다. 한때 인간에게 생산의 영역을 열어 보이면서, 과거와 현실이 끊임없이 용접되는 공간과 대상을 구축하던 예술가technites의 초라한 활동은 이제 아름다움의 창조라는 지상명령에 억압받는 천재의 창작 활동에 자리를 내어준다. 그런 의미에서 아름다움 자체를 예술 작품의 즉각적인 목표로 간주하는 키치는 미학만의 독특한 생산물이라고 할 수 있다. 이와 마찬가지로, 키치가 예술 작품을 통해 불러일으키는 아름다움의 유령이란 미학이 토대로 삼는 원리, 즉 문화의 전승 가능성 자체의 파괴에 지나지 않는다.

이것이 사실이라면, 다시 말해 예술 작품이 바로 실질적인 진실의 차원에서 옛것과 새것의 대립이 필연적으로 구체화되는 공간이라면, 예술 작품과 우리 시대의 예술이 지닌 운명의 문제는 틀림없이 현대 문화의 수많은 문제 가운데 하나로 단순화시킬 수 없는 문제일 것이다. 그 이유는, 예술이 문화적 가치가 높은 (물론 이러한 가치의 위계질서 역시 와해되고 있는 단계이지만) 분야이기 때문이라기보다는, 이것이 무엇보다도 문화의 생존이 걸린 문제, 과거와 현재의 위협적인 대립이 미학적인 이질화를 통해 극단적이고 불안정한 화해의 형태를 발견했을 뿐인 문화 자체의 생존이 걸린 문제이기 때문이다. 예술 작품만이 축적 문화에 생존의 환영을 보장할 수 있다. 카프카의 소설《성》의 주인공 측량기사 K의 지칠 줄 모르는 탈신화적 언변은 성이 기대할 수 있는 유일한 현실의 가면을 보장하는 것이었다. 하지만 문화의 성은 이제 일종의 박물관으로 변해버렸다. 이 박물관 안에서 이제는 인간에게 어떤 식으로든 거울이 되어줄 수 없는 과거의 유산이 축적되고 이어서 사회 구성원들의 미적 쾌락을 위해 제공된다. 하지만 이 쾌락은 오로지 쾌락의 즉각적인 의미뿐만 아니라 인간의 행위와 앎의 공간을 열 수 있는 능력, 인간의 포이에시스적인 능력을 제거해버리는 이질화를 통해서만 가능하다.

따라서 미학은 단순히 현대인의 발달된 감각이 현대인만의 고유한 공간, 즉 예술 작품에 부여하는 특권적인 차원으로만 존재하는 것이 아니라, 오히려 전통이 붕괴되고 인간이 과거와 미래 사이에 위치하는 현재의 공간을 더 이상 발견하지 못하는 시대, 결국 역사의 직선적인 시간 속에서 길을 잃어버린 시대의 예술이 안고 있는 운명 자체와 일치한다. 진보의 폭풍 속에서 날개를 편 채 꼼짝하지 못하는 역사의 천사와 시간이 정지된 곳에서 과거의 폐허를 물끄러미 주시하는 미학의 천사는 결코 떨어질 수 없는 사이다. 인간이 개인적으로든 문화적으로든 옛것과 새것 사이의 대립을 새로이 구성할 수 있는, 그런 식으로 스스로의 역사성을 체화할 수 있는 또 다른 방법을 발견하지 않는 이상 분열을 극단적으로 몰고 가는 것에 만족하지 않고 그 한계를 극복하는 미학의 도래를 기대하기는 어려울 것이다.

*

카프카의 노트북을 살펴보면 지나간 역사와 미래의 역사 사이에 존재하는 긴장 속에서 고유한 공간을 발견하지 못하는 인간의 무기력함이 한 에피소드를 통해 아주 정확하게 묘사되어 있는 것을 발견할 수 있다. "기차 여행을 하는 사람들이 터널을 지나는 동안 사고를 당한다. 사고 지점에서는 터널 입구에서 들어오는 빛이 더 이상 보이지 않고 출구를 통해 들어오는 빛도 너무 희미해서 눈을 부릅떠야만 겨우 볼 수 있고 시야에서 계속 사라지는 느낌까지 준다. 게다가 사실은 빛이 보이는 곳이 터널의 입구인지 출구인지조차도 분명하지가 않다."

이미 그리스 비극의 시대에, 즉 신화적 전통문화가 쇠퇴하면서 새로운 정서의 세계가 등극하기 시작했을 무렵부터 예술은 옛 것과 새것 사이의 대립을 중재하는 과제를 떠맡았다. 그리고 더 이상 존재하지 않는 것과 아직은 도래하지 않은 것 사이의 역사적 공백 속에서 인간의 행동이 드러내던 무기력함을 지상의 모든 고통과 위대함으로 표현해낸 비극의 영웅과 무고한 죄인의 형상을 통해 해답을 제시했었다.

우리 시대에 이러한 과제를 누구보다 일관적인 방식으로 감수해낸 작가가 바로 카프카다. 인간이 스스로의 역사적 전제를 소화해낼 수 없다는 문제에 당면했던 그는 이 불가능성 자체를 인간이 자신을 되찾는 토양으로 만들기 위해 노력했다. 이 계획을 실현하기 위해 카프카는 벤야민이 제시했던 '역사의 천사'라는 이미지를 전복시켰다. 카프카에 따르면, 천사는 이미 천국에 도달해 있다. 아니, 오히려 처음부터 그곳에 있었다고 보아야 한다. 진보의 폭풍과 그로 인해 시간의 직선적 흐름을 따라 끝없이 계속되는 도주는 천사가 스스로의 앎을 위조하고 그만의 불변하는 상황을 하나의 도달 가능한 목표로 변조하기 위해 지어내는 환영에 지나지 않는다.

카프카가 《죄와 고통, 희망, 옳은 길에 대한 생각》에 기록한, 언뜻 보기에는 모순적인 두 문장의 내용 역시 이러한 차원에서 이해되어야 할 것이다. "종착 지점은 있지만 길은 존재하지 않는다. 우리가 길이라고 부르는 것은 사실 우리의 망설임에 지나지 않는다" "시간에 대한 우리의 관념만이 만류의 심판을 최후의 심판이라는 이름으로 부르게 만든다. 사실 관건은 일종의 계엄령Standrecht일 뿐이다."

인간은 이미, 언제나 심판의 날을 살아간다. 심판의 날이 가리키는 것은 인간의 지극히 정상적인 역사적 조건이며, 오로지 그것을 대하는 인간의 두려움이 심판의 날을 여전히 다가와야 할 날로 만들 뿐이다. 카프카는 시간의 직선적인 흐름을 따라 무한히 흘러가는 역사(새로운 천사로 하여금 끝없이 도주하도록 만드는 역사) 개념을 대체하기 위해 하나의 역사적 상황이 지니는 모순적인 이미지를 제시했다. 카프카가 말하는 역사적 상황 속에서 인류의 진보를 위한 결정적인 사건은 끝없이 진행 중이며 직선적인 시간의 지속성은 그것을 넘어서는 어떤 길도 마련하지 못한 채 붕괴된다.⁶ 목표에 접근하는 것이 불가능한 것은 그것이 먼 미래에 놓여 있기 때문이 아니라 바로 여기, 우리 앞에 놓여 있기 때문이다. 이 목표의 현존이 바로 인간의 역사성을 구축하며 존재하지 않는 경로에 의존하는 인간의 영원한 연착 상황과 스스로의 역사적 상황을 체화하지 못하는 인간의 무기력함을 구축한다. 바로 그런 이유에서 카프카는 혁명 이전에 일어난 모든 일들이 무효하다고 선포하는 혁명가들의 말이 틀리지 않았다고 말한다. 왜냐하면 사실상 아무 일도 일어나지 않았기 때문이다. 역사 속에서 길을 잃은 인간의 상황은 결국 카프카가 《만리장성 축조》에서 묘사하는 남부 중국인들의 상황과 유사하다고 볼 수 있다. "믿음과 상상력이 부족한 이들은 왕국을 북경의 타락으로부터 구하지 못하고, 한 번만이라도 왕국을 가슴으로 느껴보고 죽는 것 외에 아무것도 바랄 것이 없는 충직한 백성임에도 불구하고 자신들의 품 안에 생생하게 살아 있는 모습으로 끌어안을 줄 모른다." 어찌 되었든 이들에게 "이러한 약점은 그들을 뭉치게 하는 가장 중요한 동기인 듯이 보인다. 아니, 감히 말하자면, 그것은 우리의 삶을 떠받치는 지반 자체인 듯이 보인다".

이러한 모순적인 상황 속에서 예술의 과제에 대해 질문을 던진다는 것은 최후의 심판의 날에, 다시 말해 역사의 천사가 도주를 멈추고 과거와 미래의 간극 속에서 인간이 책임져야 할 스스로의 몫을 발견하는 상황(즉, 카프카가 말하는 '인간의 역사적 상황') 속에서 예술이 풀어야 할 숙제가 무엇인지를 묻는 것과 같다. 카프카는 이 질문에 자문의 형태로, 예술이 전승 행위의 전승이 될 수 있을지도, 다시 말해 전승 행위가 전승이라는 과제 자체를 전승의 내용으로 삼을 수 있을지도 모른다는 답을 제시했다. 벤야민이 파악했던 것처럼, 카프카가 자신이 의식했던 전례 없는 역사적 상황 앞에서 발휘한 천재성은 그가 '전승 가능성을 위해 진실을 희생시켰다'라는 점이었다.[7] 목표가 이미 현존으로 주어졌고 결과적으로 그것에 도달하기 위한 길이 모두 막힌 순간부터는 전승의 과제 자체를 전달하는 전령의 끝없는 연착과 고집만이 스스로의 역사적 상황을 체화하지 못하는 인간에게 그의 행위와 앎의 실질적인 공간을 되돌려줄 수 있다.

이런 식으로 미학적 경로의 한계에 도달한 예술은 전승해야할 사물과 전승 행위 사이의 간극을 폐지하고 이 두 방식 사이에 완벽한 일치가 이루어지던 신화-전통적인 문화 체제로 되돌아간다. 그러나 예술이 이 '마지막 한계에의 도전'[8]을 통해 미학적인 차원을 초월한다 하더라도, 아울러 전승 과제 자체를 내용으로 하는 전적으로 추상적인 정서 체제를 구축하면서 예술을 키치로 몰아가던 운명을 피할 수 있다 하더라도, 예술은, 물론 신화의 문턱까지 도달할 수는 있지만, 그것을 초월할 수는 없다. 인간이 스스로의 역사적인 조건을 체화할 수 있다면, 아울러 시간의 직선적인 흐름 위로 그를 끊임없이 몰아세우는 폭풍의 환영을 벗어던지고 모순적인 상황에서 벗어날 수 있다면, 그는 바로 그 순간에 하나의 새로운 우주생성론에 생명을 부여하고 역사를 신화로 전복시킬 수 있는 완전한 앎을 얻게 될 것이다. 하지만 이것은 예술이, 혼자의 힘으로는, 할 수 없는 일이다. 왜냐하면 다름 아닌 과거와 미래 사이의 역사적 대립이라는 문제를 해결하기 위해 예술이 신화로부터 벗어나 역사와 결탁했기 때문이다.

인간이 진실 앞에 항상 연착한다는 원리를 시적인 과정으로 변화시키고 문화의 전승 가능성을 살리기 위해 진실이 보장하는 세계를 포기하면서, 예술은 과거와 미래, 옛것과 새것 사이의 중간 세계에 끝없이 유예되는 역사적 상황으로부터 결국 벗어나지

못하는 인간의 무능력 자체를 다시 한 번 현실 속에서 이루어지
는 인간 고유의 삶에 척도를 제공할 수 있는 공간, 인간이 자신의
행위에 매번 의미를 부여할 수 있는 공간으로 만든다.

　집이 불에 타오를 때에만 처음으로 집의 골조가 또렷이 드러
나듯이, 운명의 극단적인 한계에 도달한 예술 고유의 근원적인
모사가 드디어 모습을 드러낸다.

1   이 주제에 대해서는《어두운 시대의 사람들Men in dark times》(New York, 1968, 193쪽)에 수록된 한나 아렌트의 관찰을 참조하기 바란다.

2   인용문의 이질화 기능이 레디메이드와 팝아트에 의해 실행된 비평적인 차원에서의 이질화와 정확하게 상응한다는 것은 어렵지 않게 이해할 수 있는 부분이다. 레디메이드와 팝아트 분야에서도 일상적이라는 특징의 권위에 의해 의미를 보장받던 대상이 전통적인 방식으로 인식될 수 있는 가능성을 단숨에 잃고 충격과 자극을 전달하는 무시무시한 힘을 발휘하게 된다.《서사극이란 무엇인가》라는 글에서 벤야민은 인용문의 독특한 효과를 '단절'이라는 말로 묘사한다. "한 문장의 인용은 그 문장이 속한 문맥의 단절을 동반한다." 그러나 바로 이러한 단절을 통해 사물에 대한 앎을 가능하게 하는 '낯설게 하기'가 이루어진다.

3   기 드보르Guy Debord가 혁명적 전복의 언어로 기능하는 하나의 '부정의 양식'을 연구하면서 인용문에 내재하는 파괴적인 힘에 대해 눈치 채지 못했다는 것은 흥미로운 일이다. 어찌 되었든, 그가 권장하는 '일탈détournement'과 표절의 사용은 벤야민이 인용문에 부여하는 것과 동일한 역할을 문장 속에서 수행한다. 그에 따르면, 이러한 용법은 "기존 개념들이 긍정적으로 사용되는 가운데 이들이 가진 본래의 유연성과 이들이 와해되어야만 하는 필연성에 대해 눈을 뜨게 해준다. 과거 전체에 대한 비평의 지배력을 그런 식으로 표현하는 것이다. 이러한 용법은, 어떤 보장도 요구할 수 없다는 것을 아는 담론 속에 등장한다. 이것은 과거와 연관된 어떤 종류의 인용을 통해서도 확인될 수 없는 언어다"(기 드보르,《스펙터클의 사회La société du spectacle》, Paris, 1967, 7장).

4   이질화의 가치가 이어서 경제적인 가치를(즉, 교환 가치를) 획득하게 된다는

것은 이질화가 사회경제적인 차원에서 높이 평가할 만한 기능을 수행한다는 것 외에 다른 것을 의미하지 않는다.

5 뒤러의 판화에 대한 도상학적인 관점의 해석에 관해서는 파노프스키와 삭슬의 《뒤러의 판화 '멜랑콜리아 I'Dürers Kupferstich 'Melanconia I'》(1923)와 벤야민의 《독일 비애극의 원천》(1963, 161~171쪽)을 참조하기 바란다. 여기에 제시된 해석은 순수하게 도상학적인 관점의 해석을 배제하지 않으며 그것을 단지 역사적인 관점에서 관찰하는 것으로 그칠 뿐이다. 뒤러의 판화는 나태의 유형typus acediae으로부터 유래한다. 그리스도교 신학에 따르면 이 나태함과 아주 밀접하게 연관되어 있는 것은 인간의 여정status viatoris이 가져오는 절망, 즉 목적 달성의 실패가 가져다주는 절망이 아니라 그것에 도달하기 위해 걷는 '길'이 원인이 되는 절망이다. 나태의 중세식 묘사를 하나의 역사적이고 시간적인 경험 속에 구체화시키면서, 뒤러는 전통과 함께 전통적인 시간의 경험을 상실하고 과거와 미래 사이에 현재적인 공간을 더 이상 발견하지 못한 채 역사의 직선적 시간 속에서 길을 잃은 인간의 상황을 하나의 이미지로 만들어냈다.

6 카프카와 '역사'의 연관성에 대한 가장 깊이 있는 분석은 베다 알레망Beda Allemann의 논문에서 찾아볼 수 있다(〈카프카와 역사Kafka et l'histoire〉, 《사유의 저항L'endurance de la pensée》, Paris, 1968). 카프카가 말하는 역사적 상황으로서의 계엄령이라는 개념이 이 논문에서 설명된다. 그러나 카프카의 '역사적 상황'에 벤야민의 '지금시간Jetztzeit'이라는 개념이 상응한다고 볼 수 있을 것이다. '지금시간'이라는 개념은 역사적 사건의 발생 정지, 혹은 일종의 요구로 이해되는 개념이며, 벤야민이 《역사의 개념에 대하여》에서 역사의 개념이 '비상 상태'가 역사의 실질적인 규칙이라는 사실에 상응할 수 있어야 한다고 표현했던 논지 속에 함축되어 있다. 역사적 '상황'이라는 표현 대신 오히려 하나의 '역사적 회열'에 대해 이야기하는 것이 적절할 수도 있어 보인다. 자신의 역사적 조건을 체화할 줄 모르는 인간은 어떻게 보면 역사 속에서 항상 '정신이 나간 상태extasi'에 머물러 있다고 볼 수 있다.

7 벤야민, 《서간문 2권Briefe II》, 763쪽.

8 카프카, 1922년 1월 16일자 일기.

현대의 예언자

진정한 예언은 미래를 언급하지 않는다는 말이 있다. 예측이 가능한 것은 예언의 말을 필요로 하지 않는다. 예언은 몇 가지 미래의 가능성 중에 하나를 알아맞히는 것과는 거리가 멀다. 미래에 일어나더라도 예측이나 상상이 절대적으로 불가능한 일들만 예언의 말을 요구한다. 하지만 상상이나 예측이 불가능하기 때문에 예언의 말은 통상적인 인식의 틀을 뒤흔들고 현재를 전복시킨다. 예언의 말은 본질적으로 이해될 수 없는 성격의 말이다. 예언의 말은 필연적으로 미래가 아닌 현재와 과거를 다룬다. 단지 이해할 수 없는 말을 통해 그것과는 전혀 다른 무언가를, 이해 불가능성을 도구로 불가능한 것과는 전적으로 다른 무언가에 대해 이야기할 뿐이다.

《내용 없는 인간》은 미학에 대해 매력을 느끼는 사람들의 지적 요구를 만족시키거나 그들의 궁금증을 풀어주는 책이 아니라 오히려 지독한 매력을 느끼던 사람들이 한사코 던지지 않았던 질문, 왜 매력을 느끼는가라는 아무도 던지지 않는 질문에 답변을 시도하는 책이다.

우리 현대인이 아름다움에 기울이는 관심은 사실상 미학에 대한 관심과 일치한다. 우리에게 중요한 것은 미적 판단이다. 미적 판단 자체의 아름다움에 매료되는 것이 우리가 아름다움을 향유하는 기본적이고 본질적인 방식이다. 저자는 우리가 미학에 기대한 적도 없고 기대할 수도 없는 것들을 들추어낸다. 부각되는 것은 우리가 아름다움을 향유하는 방식이 아무런 근거도 가지고 있지 않다는 사실이다. 우리가 어떤 종류의 예술 작품을 통해 향유하는 감동 자체가 아무런 근거가 없다는 이야기를 하고 있는 것이다. 저자의 글이 하나의 예언처럼 다가오는 것은 바로 이것 때문이다.

저자가 말하는 '내용 없는 인간'이란 현대 예술가와 현대 예술을 향유하는 현대인을 가리킨다. '내용 없는' 현대를 그렇지 않았던 과거와 돌이킬 수 없는 방식으로 단절시킨 근본적인 원인은 예술가가 예술 작품을 스스로의 존재와 분리해서 생각하지 않고 자신이 만든 작품을 바라보며 객관적인 평가를 하지 않던 시대에서 객관적인 평가 없이는 예술 활동 자체가 불가능해진 시대로 접어들면서 일어난 변화다. 저자는 이러한 단절과 분리를 하나의 상실로 경험하는 인물들, 예술가들, 사상가들, 시인들을 등장시킨다. 예를 들어, 화가 프랑오페르는 피그말리온처럼 자신의 작품과 하나 되기를 꿈꾸면서 현실과 예술, 이상과 작품을 구별하지 못하는 인물이다. 하지만 그는 동시에 예술이 한낱 기호에 불과하다는 관점에 현혹되면서 스스로를 이중화하고 예술가의 관점에서 관객의 관점으로 돌아서면서 결국 자신뿐만 아니라 자신의 작품마저 이중화되는 과정을 목격하는 인물이다. 근대에 등장한 취향의 인간 역시 이와 비슷한 경로를 겪는다. 취향의 인간은 갈고 닦은 취향을 통해 어떤 예술 작품의 완벽한 특징을 주목할 수 있는 능력을 겸비한 인간이지만 그로 인해 작품 자체에 무관심해질 수밖에 없다는 결점을 가지고 있다. 왜냐하면 창조할 수 있는 모든 힘을 취향이라는 형태의 미적 판단으로 집중시키기 때문이다. 취향의 인간은 스스로에게 상실을 강요하는 퇴폐적인 인간의 표본이다. 이중적인 존재로서의 예술가나 취향의 인간과 마찬가지로 수집가 역시 동일한 상실을 경험한다. 예술 작품들을 수집하면서 작품이 가지고 있는 본래의 의미나 기능을 제거하고 전시품으로서의 가치를 창출하면서 상실을 '창조'하는 것이 수집가다. 예술가와 취향적인 인간의 퇴폐적인 성향이 여기서는 예술 작품 자체를 통해 드러난다.

우리가 예술을 높이 평가할 수 있게 되었다면 그것을 하나의 발전으로 볼 수 있지 않느냐는 주장은 예술 자체에 의해 무산된다. 시보다 시에 대한 평가가 중요하다는 로트레아몽의 말, 즉 예술 작품에 대한 미적 평가가 작품에 우선한다는 지적을 통해 부각되는 것은 예술을 높이 평가할 수 있게 된 단계가 정확하게 예술이 사라지는 단계와 일치한다는 사실이다. 헤겔이 목격한 불행한 의식의 본질적인 특징과 니체가 광인의 입을 통해 신은 죽었다고 말하게 된 보다 근본적인 원인으로서의 상실을 인간이 보다 직접적인 방식으로 의식하는 순간은 다름 아닌 예술의 경험을 통해 주어진다. 헤겔이 말한 것처럼 가장 높은 경지의 예술은 스스로를 파괴하고 초월하는 예술, 표현하고자 하는 '내용'을 초월할 수 있는 하나의 힘으로 등극했지만 그 힘은 결국 부정의 힘이며 그 힘의 배후는 예술의 사라짐, 현대의 허무주의를 버젓이 떠받치고 있는 예술의 허무주의다.

　예술의 사라짐과 함께 일어나는 현상 중 하나는 창조 활동 내부에서 일어나는 기술적인 측면과 정신적인 측면의 괴리 현상이다. 즉, 육체노동과 정신노동의 괴리 현상을 극명하게 보여주는 것은 레디메이드와 팝아트다. 레디메이드는 전적으로 기술에 의존하는 상품을 예술의 경지에 올려놓으려는 시도, 즉 육체노동에 의한 작품을 정신노동에 의한 작품의 단계로 올려놓으려는 시도이며, 팝아트는 예술 작품을 기술적인 상품의 단계로 내려놓으려는 시도다. 이러한 시도들은 현대 예술의 단순한 창조적 아이디어로 그치지 않는다. 기술적인 측면과 육체노동이라는 실천적인 단계를 강조하면서 예술은 결국 '의지'와 '삶'의 범주 밖에서는 정체성을 발견하지 못하는 지경에 이른다. '시'를 절대적인 차원으로 올려놓기 위해 실천적인 측면을 강조했던 낭만주의 철학자들의 시도 또한 이러한 맥락에서 이해해야 할 필요가 있다. 니체가 말했던 것처럼 사물들의 본질을 식별할 수 있도록 허락해주는 기호들이 전부 존재하지 않는 것의 기호라면, 그래서 우리가 "아름다움이란 무엇인가를 정의 내리기 위해 미적 판단을 시도할 때마다 우리의 사고가 매번 움켜쥐는 것은 아름다움이 아니라 차라리 그것의 그림자인 것처럼" 보였기 때문에 시의 실천적인 측면이 요구되었다고 볼 필요가 있는 것이다.

예술의 드높은 정신세계를 향해 매진하는 예술가들의 노력을 무효화하면서 훨씬 더 빠른 속도로 진행된 이 퇴폐적인 상황이 실질적으로 어느 단계에까지 이르렀는지 우리는 의식하지 못한다. 분명한 것은 현대가 이 실천적이고 기술적인 측면의 포화 상태로 인해 미적 판단의 퇴폐적인 성향이 기능화되는 상황을 오래전부터 지속해오고 있다는 사실이다. 이러한 환경 속에서 우리가 아름다움을 느끼고 향유하는 모든 방식이 무의미하다는 결론은 우리가 무지를 매력으로 환산해야 할 정도로 지독하게 '삶'과 '의지'에 얽매인다는 뜻으로, 혹은 매력을 느낌으로써 우리 스스로가 결코 빠져나올 수 없는 무지의 성벽을 쌓는다는 뜻으로 해석될 수 있을 것이다.

저자는 왜 현대가 이러한 내용 없는 예술을 끊임없이 실험하고 이를 분명하게 의식하면서도 그만두지 못하는가라는 대답 없는 질문을 던지면서 대답이 불가능한 영역을 추적한다. 우리가 주목해야 할 것은 이 영역과 이 영역이 추적되는 과정이다. 현대 미학의 핵심적인 주제들을 사실상 모두 요약하고 있는 이《내용 없는 인간》의 독창적인 분석과 고찰이 미적 판단이라는 파편적인 기능의 무의미함과 퇴폐적인 성격을 어렴풋이나마 감지하고 있던 독자들에게, 그리고 무엇보다도 창조에 고통스럽게 천착하며 외로운 순례의 길을 걷는 예술가들에게 한줄기의 빛이 되어줄 수 있기를 간절한 마음으로 기대해본다.

2017년 8월
윤병언

내용 없는 인간

ⓒ 조르조 아감벤, 2017

초판 1쇄 발행일 2017년 9월 1일
초판 4쇄 발행일 2023년 2월 1일

지은이   조르조 아감벤
옮긴이   윤병언
펴낸이   정은영

펴낸곳   (주)자음과모음
출판등록   2001년 11월 28일 제2001-000259호
주소   10881 경기도 파주시 회동길 325-20
전화   편집부 (02)324-2347, 경영지원부 (02)325-6047
팩스   편집부 (02)324-2348, 경영지원부 (02)2648-1311
이메일   inmun@jamobook.com

ISBN 978-89-544-3787-5 (03100)

이 도서의 국립중앙도서관 출판시도서목록(CIP)은 서지정보유통지원시스템 홈페이지
(http://seoji.nl.go.kr)와 국가자료공동목록시스템(http://www.nl.go.kr/kolisnet)에서
이용하실 수 있습니다.(CIP제어번호: CIP2017018984)